L'Odyssée Entrepreneuriale

Pour un Business dont tu es le Héros

Un Business à ton image, Epanouissant, Inspirant, Prospère, Spirituel...

Ton Héroïsme détermine ton R.O.I[1]

---

[1] Retour sur Investissement

Sommaire

Introduction

La vie est un jeu de hasard et chaque décision que vous prendrez orientera votre destinée.
- Franck Ntasamara.

Bienvenue dans ce livre qui explore les thèmes captivants de l'entrepreneuriat, du succès, de l'aventure et de l'héroïsme, des expériences auxquelles de plus en plus de personnes éveillées et courageuses sont appelées à vivre !

Les pages qui suivent vont te révéler une philosophie qui garantit aux entrepreneurs du 21ème siècle la concrétisation de leur rêve d'une entreprise florissante et, plus important encore, le rêve d'une vie qui leur ressemble.

Tu n'as pu passer à côté des deux tendances marquantes de ce siècle :

D'une part, l'émergence d'une société de l'information qui transforme le monde à une vitesse époustouflante.

D'autre part, l'éveil d'individus conscients de leur responsabilité dans la création de leur destin et désireux de se lancer dans l'entrepreneuriat pour s'assurer plus d'indépendance et de liberté.

Ces tendances ont engendré deux grandes batailles : celle de l'attention et celle de l'humain en général.

La première confronte les meilleures entreprises et les nouveaux entrepreneurs à une guerre pour capter l'attention d'une population de plus en plus distraite et engourdie.

La seconde confronte l'être humain à lui-même, à ses aspirations profondes dans un monde de plus en plus superficiel, et à son besoin de trouver un sens à sa vie.

La lecture qui t'attend ouvre les portes d'un **nouveau paradigme** où la vie devient un voyage dont tu es le héros. Un voyage qui t'invite à assumer pleinement ton identité et à redéfinir les codes de l'entrepreneuriat.

La finalité est simple :

Construire une entreprise en accord avec les nouvelles tendances, afin de vivre une vie où tu dictes les règles, où tu gagnes en indépendance et où tu contribues à un monde meilleur.

Ici, pas de discours ennuyeux sur les business plans ou les stratégies laborieuses à mettre en place ! Nous te proposons plutôt de **simplifier ton business** pour te concentrer sur l'essentiel en utilisant ton génie créatif et en assumant qui tu es pour te connecter à tes clients de cœur !

"Des milliers de génies vivent et meurent sans avoir été découverts, soit par eux-mêmes, soit par les autres."
- Mark Twain.

Le chemin que nous t'offrons représente un voyage de développement personnel aussi bien que professionnel.

C'est l'opportunité de voir la vie d'entrepreneur comme un Voyage dont tu es le héros et au cours duquel, tu vas rassembler d'autres héros : des clients prêts à travailler avec toi, peu importe le prix.

Imagine si tu n'avais plus à vendre pour te faire "acheter".
Imagine si tu pouvais consacrer moins de temps à la création de contenu en ligne pour vivre davantage d'expériences humaines et te connecter avec des personnes qui te ressemblent.

C'est cela, l'idée.

Cette philosophie, j'aurais aimé l'avoir au début de mon aventure entrepreneuriale. Malheureusement, j'ai dû traverser cinq années de galère pour comprendre qu'"<u>entreprendre</u>" et "<u>être un entrepreneur</u>" **sont deux choses différentes** !

La démarche que je te propose se divise en 5 étapes et m'a permis de trouver bien plus de satisfaction dans mon aventure entrepreneuriale, ainsi que des résultats à la hauteur de mes ambitions.

Ceux qui aspirent à devenir millionnaires grâce à ce modèle, pourquoi pas. Mais soyons honnêtes, ce n'est pas le but de ce livre. D'innombrables ouvrages sur ce sujet existent déjà, écrits par des personnes bien plus riches que moi.

Ici, il est question avant tout de savourer chaque instant, de relever des défis et de trouver un juste équilibre entre le chaos et l'excitation des montagnes russes émotionnelles liées à l'entrepreneuriat, afin de ne pas succomber sous le poids de ta mission de cœur.

Je suis convaincu que cette philosophie de vie fera croître ton entreprise autant qu'elle te permettra de te développer personnellement.

Prépare-toi à entrer dans une nouvelle ère du business et à devenir un **entrepreneur héroïque**.

PS : prends ton temps. Nous avons dépensé plus de 20 000€ en Business Coaching, formations, conférences, etc. ces dernières années pour aligner notre entreprise à notre vision du monde. Le contenu de ce livre, si elle était une "formation en ligne" serait bien plus cher que le prix de ce livre.

Pour aller plus loin, tu trouveras également une liste de supports et d'exercices à télécharger sur **https://niveausup.fr/odyssee-entrepreneuriale-ressources/**

De plus, ce livre ne traitera pas de « techniques » et de « systèmes marketing avancés » mais traitera surtout de ton identité d'entrepreneur (tout part de là). Néanmoins, nous déposerons sur ce support en ligne, toutes les ressources utiles sur ce sujet pour t'ouvrir davantage de portes ☺

Sur ce, bonne lecture !

Qui sommes-nous

Nous sommes deux à écrire ce livre. Et puisque nous portons le même nom, on va t'écrire comme si l'on était qu'une seule et même personne.

Si le style d'écriture te semble différent d'un chapitre à l'autre, c'est cette schizophrénie cachée de deux auteurs dans une même plume !

Alexandre Vigne

J'ai commencé l'entrepreneuriat à l'âge de 15 ans avec la passion de créer des projets, de les faire avancer et de les voir grandir. Cependant, cela n'a pas été un choix facile, car j'allais à contre-courant de l'avenir que mes parents et mon entourage me destinaient.

J'ai vécu des montagnes russes émotionnelles ! Entre la joie de franchir des étapes dans mes projets et des creux où je remettais tout en question… me confrontant à la solitude et aux doutes quant à savoir si l'entrepreneuriat était vraiment fait pour moi.

Il m'a fallu du temps pour comprendre ce qui me faisait vibrer le plus dans cet univers : la rencontre et l'accompagnement.

J'aime la connexion d'humain à humain et voir une personne matérialiser sa passion dans une activité en accord avec sa propre vision du succès.

Ma mission personnelle est d'aider ceux qui subissent l'entrepreneuriat à prendre les rênes de leur entreprise ! Car je crois profondément que si tu ne deviens pas le héros de ton business, alors il prendra le dessus sur toi à long terme.

Aujourd'hui, je m'efforce de faire rayonner la philosophie que vous allez découvrir dans les pages qui suivent …

Alexandre BAE

Je suis comme toi, un entrepreneur à mission.

Mon parcours entrepreneurial a débuté en 2015, lorsque j'ai embrassé le marketing de réseau et créé ma première entreprise fondée sur le bien-être. Cependant, ce n'est qu'en 2017 que tout a pris un sens profond lorsque, j'ai découvert ma véritable mission : révolutionner l'orientation scolaire et professionnelle en y apportant une dimension spirituelle et les meilleurs outils de connaissance de soi.

Il m'a fallu environ 5 ans pour me faire une place dans "ma niche", atteignant mes objectifs en étant édité, et en accompagnant avec passion des centaines de personnes à trouver leur juste place. J'ai également formé plus d'une centaine de professionnels et initié une équipe de coachs courant 2022.

Durant cette période de croissance, j'ai également donné vie à sept ouvrages autour du développement personnel, de l'orientation, de la psychologie et de la spiritualité.

Si ma route est encore longue, j'ai compris avec les années passées que le chemin vers la prospérité de notre entreprise est avant tout, <u>un profond travail sur soi, une quête pour devenir "l'entrepreneur" capable de réaliser nos propres rêves.</u>

Aujourd'hui, je me compare volontiers à un Magicien en quête de sagesse qui, tel Merlin l'Enchanteur, guident mes clients dans leur évolution pour passer d'Arthur au Roi Arthur.

***

Le point commun que nous avons tous les deux, c'est notre désir profond de contribuer, de rencontrer des personnes partageant notre vision, et de gagner en indépendance.

Nous avons commis la même erreur ! Au début, nous étions bercés par le désir de gagner de l'argent grâce à nos passions. Rapidement, l'argent est devenu le nerf de la guerre.

Cependant, nous avons réalisé que l'argent était une fausse motivation. Notre véritable motivation, ce sont les gens. Et en mettant la rencontre et les autres au cœur de nos actions, l'argent finit par venir naturellement.

Laura Nathalie qui nous a fait le plaisir de préfacer cet ouvrage nous l'avait justement fait remarquer. Dans le fond, est-ce que « l'argent » ne serait pas « l'art-des-gens » ? Notre capacité à voir en l'autre ce qu'il est et ce qu'il s'attèle à devenir au quotidien ?

Ce livre, c'est celui que l'on aurait aimé avoir cinq ans plus tôt, afin d'éviter des années de surplace (et une économie en termes d'accompagnement et de formations).

Comment s'organise ce livre

Car c'est l'Homme qui fait le projet, nous allons partir de TOI pour structurer un business et une aventure dont tu seras le héros à travers cinq grands chapitres.

Chapitre 1 : La vision - Développe une vision claire et inspirante pour ton entreprise afin de guider tes actions et attirer les bonnes opportunités.

Chapitre 2 : La philosophie - Intègre des valeurs et des principes qui porteront ton aventure entrepreneuriale, te permettant de rester aligné et de prendre des décisions cohérentes.

Chapitre 3 : Le Jeu par le Je - Plonge-toi réellement dans ton voyage du Héros et aborde ton parcours entrepreneurial comme une aventure, avec des défis, des étapes clés et des transformations personnelles qui te mèneront vers ton succès.

Chapitre 4 : Le plan - Travaille intelligemment en te concentrant sur les actions à haute valeur ajoutée grâce à une liste d'actions énergisantes qui optimisent ta productivité et éloignent les tâches ennuyeuses.

Chapitre 5 : L'offre et le succès client - Fais en sorte que ton service reflète ta personnalité et assure une expérience client exceptionnelle pour qu'il devienne un héros ! Davantage acteur que consommateur, pour une satisfaction et un succès exceptionnel.

1- Ta vision

Ton Big Why

Dans notre vie quotidienne, nous sommes souvent obsédés par le "comment faire" et le "quoi faire" afin d'accomplir nos désirs ? Cependant, nous négligeons souvent la question fondamentale et puissante du "pourquoi".

Le "pourquoi" donne un but et une direction à nos actions autant qu'il motive et nous inspire à persévérer devant les défis et obstacles que nous pourrions rencontrer sur notre chemin.

Le "pourquoi" nous rappelle constamment le sens de notre objectif ultime et constitue le carburant qui nous aide à surmonter les obstacles et à garder notre élan.

Le "pourquoi" étant généralement animé de nos valeurs, il devient une boussole interne qui guide nos choix et nos actes de façon à rester **aligné** avec notre personnalité et nos objectifs de vie.

En clarifiant notre "pourquoi" et en **l'incarnant** à travers notre comportement, cela se reflète dans nos actions et nos discours.

Nous devons des personnes authentiques et passionnées, **capables d'inspirer et de fédérer** autour de notre cause.

En communiquant efficacement ton "pourquoi", tu as le potentiel de créer un impact positif sur les autres et sur le monde qui t'entoure.

Chaque Héro à son " Big why" est se fait transporter par celui-ci afin de surmonter ses obstacles et atteindre son but.

Par exemple :

- **Le 'Big Why' de Katniss Everdeen (Hunger Games)** est d'incarner le symbole de la rébellion pour mettre en déroute le système oppressif en place et libérer le pays (ses districts).

- **Le 'Big Why' de Frodon Sacquet** est de détruire l'Anneau Unique en le portant jusqu'à la Montagne du Destin pour préserver la Terre du Milieu de la menace de Sauron et garantir la paix, l'espoir et la liberté pour tous les peuples.

- **Le 'Big Why' d'Harry Potter** est de créer un monde où règnent l'amour, l'acceptation et le courage, en s'opposant aux forces du mal. Pour cela, il fait lui-même preuve de courage afin d'être à la hauteur de son destin.

- **Le 'Big Why' de Néo (matrix)** est alimenté par sa détermination à se battre pour la liberté de l'humanité tout en l'éveillant à ce qu'est la réalité. Pour cela, il se bat contre les systèmes de contrôle.

Et toi, quel est ton Big WHY ?

Résume ici, pourquoi tu entreprends :

_____

_____

_____

Si tu as des difficultés, je t'invite à lire et à faire l'exercice sur les valeurs qui suit afin de nourrir ton POURQUOI.

Tes Valeurs :

La vraie valeur d'un homme réside, non dans ce qu'il a,
mais dans ce qu'il est.
- Oscar Wilde

Les valeurs sont les principes fondamentaux qui guident notre comportement et nos décisions. Elles reflètent ce que nous considérons comme important dans la vie et définissent nos priorités.

En vivant en accord avec nos valeurs, nous renforçons notre intégrité personnelle et nous créons un alignement entre nos actions et nos convictions. Ce qui fournit un cadre éthique et moral pour prendre des décisions éclairées et construire des relations solides avec nos futurs clients et partenaires.

En alignant notre personnalité à nos valeurs, nous alimentons "notre feu intérieur" pour entrer dans un état de flow qui se caractérise par plus de plaisirs, plus de résultats et d'épanouissement en moins d'efforts.

Et toi, quelles sont tes grandes valeurs ?

Dans l'annexe situé sur cette page **https://niveausup.fr/odyssee-entrepreneuriale-ressources/** tu trouveras une liste de 200 Valeurs.

Ta mission, si toutefois tu l'acceptes, est de choisir parmi cette liste **5 grandes valeurs**.

Certes, ce n'est pas simple ! Procède par élimination : choisis-en d'abord 20, puis 10, puis 5.

Peut-être les connais-tu déjà, car tes valeurs répondent à cette question : **"Qu'est ce qui est important dans ma vie ?"**

Note tes valeurs ici, elles te serviront dans le chapitre 4 :

1. _____
2. _____
3. _____
4. _____
5. _____

Une fois ces 5 valeurs identifiées, assure-toi que ton "Big WHY" est pleinement animé de celles-ci !

Une fois ton Pourquoi et ces valeurs en tête, connectons-les à ta vision pour conditionner tes intentions.

Le pouvoir de ta Vision :

Un chemin vers "quelque part" mène souvent vers une destination nommée "nulle-part".

La vision représente l'image mentale de l'avenir que nous souhaitons créer.

Elle est le point de référence dans le futur qui guide nos choix et nos actions. **Une vision claire et inspirante nous donne un objectif clair et motivant.**

La Vision permet de nous projeter au-delà des contraintes actuelles et d'imaginer les possibilités.

Celle-ci représente ce à quoi nous sommes prêts à consacrer notre vie, ce qui nous inspire et nous motive profondément. C'est **l'objectif ultime** que nous souhaitons atteindre et **la contribution que nous voulons apporter au monde.**

A travers cette vision, nous donnons un sens profond à notre existence et un fil conducteur qui nous guide à travers les hauts et les bas de la vie, que ce soit dans l'entrepreneuriat ou dans notre quotidien.

"Pourquoi serais-tu prêt à mourir ?"

Comme l'a si bien dit Martin Luther King : "**Tant qu'un homme n'a pas découvert quelque chose pour lequel il serait prêt à mourir, il n'est pas à même de vivre.**"

Ces paroles puissantes nous incitent à réfléchir à nos aspirations et à nos motivations.

Quelle est ta cause, ta mission et pour quelle œuvre serais-tu prêt à consacrer ta vie entière ?

Qu'est-ce qui te fait vibrer ? Qu'est-ce qui t'anime et te pousse à agir avec détermination ?

Voici un exercice pour te projeter dans l'avenir et clarifier ta Vision.

1. **Prends quelques minutes** pour te détendre et te mettre dans un état d'esprit créatif et méditatif.
2. **Prends un morceau de papier et un crayon.**
3. **Imagine-toi** dans le futur, idéalement dans cinq ans. **Visualise** l'environnement, les personnes qui t'entourent, et surtout, imagine-toi en train de réaliser ton plus grand rêve entrepreneurial. Laisse ton imagination s'exprimer librement et n'aie pas peur de rêver grand.
4. Maintenant, **décris cette vision** aussi clairement que possible. Décrit les détails, les émotions que tu ressens, les réalisations que tu as accomplies et es en train d'accomplir. Qui es-tu devenu ? Avec qui avances-tu au quotidien ? Quel travail fais-tu ? Comment ton entreprise impacte-t-elle positivement le monde et tes clients ? **Essaye de capturer l'essence de cette vision** dans des mots et **schématise-là** en un dessin.
5. Une fois que tu as décrit ta vision, **lis-la et décris-la à voix haute** en prenant le temps de t'imprégner de chaque mot et de ressentir l'excitation et la motivation qu'elle évoque chez toi.
6. Ensuite, **écris une phrase** ou deux qui résume ta vision de manière concise et puissante. Cette phrase deviendra ton **mantra,** quelque chose que tu pourras répéter chaque jour pour te rappeler ton objectif ultime.
7. **Réfléchis** à comment les valeurs que tu as identifiées précédemment sont intégrées dans ta vision et comment elles guident tes actions et décisions entrepreneuriales.
8. Maintenant, **identifie trois étapes** concrètes que tu peux entreprendre dès aujourd'hui pour commencer à donner vie à ta vision. Ces étapes devraient être réalisables, mesurables et en accord avec tes valeurs et ton "pourquoi".
9. Garde cette description de ta vision et ton mantra à portée de main, que ce soit dans ton portefeuille, sur ton bureau ou sur ton téléphone. **Consulte-la** dès que tu as un moment de flemme ou de "down" pour te connecter avec ta vision et te rappeler **pourquoi** tu t'es lancé dans cette aventure entrepreneuriale.

N'oublie pas que ta vision peut évoluer avec le temps, alors n'hésites pas à la revisiter et à l'ajuster si nécessaire.

L'important est de rester aligné avec ta vision et de **prendre des mesures concrètes** pour la réaliser.

Le chemin pour entreprendre est simple, mais pas facile.

Il est important de reconnaître que sur le chemin, tu rencontreras des obstacles potentiels.

Ceux-ci peuvent prendre différentes formes, tels que des défis, des doutes, des contraintes externes ou des échecs. Ils peuvent te mettre à l'épreuve et remettre en question ton engagement. Ces obstacles sont **inévitables**, et ta manière de les aborder fait toute la différence.

La clé réside dans ta philosophie de vie et ta capacité à surmonter ces obstacles pour les transformer en opportunités d'apprentissage et de croissance.

De nombreuses personnes ont une vision qui reste à l'état de rêve car elles ne la concrétisent pas avec des actions concrètes. Ta vision est **immatérielle**. Seules tes actions l'inscrivent dans notre réalité.

Ce qui suit va te permettre de jouer avec les règles d'un entrepreneuriat **Héroïque** pour jouer sur ces deux tableaux : l'immatériel et le matériel.

Une bonne philosophie pour **un passage à l'action à la hauteur de ce que tu mérites.**

2 - La philosophie :

Le Voyage du Héros de l'entrepreneur épanoui

Le héros est celui ou celle qui donne sa vie pour quelque chose de plus grand que lui.
— Joseph Campbell

Le Voyage du Héros, c'est quoi ?

Le concept du Voyage du Héros est un schéma narratif présent dans de nombreuses histoires et mythologies à travers le monde. Dans son livre "Le Héros aux mille visages", le mythologue Joseph Campbell décrit le cheminement que tout héros accomplit pour se découvrir et établit un parallèle avec la vie de tout être humain.

Il décrit ce voyage comme un **parcours initiatique** que suit toute personne à partir du moment où elle entreprend une nouvelle aventure pour accomplir une quête ou réaliser un objectif spécifique. Campbell nous invite à voir dans ce voyage, une trame de vie pour écrire notre propre histoire et comprendre celle qui s'offre à tout personne en quête d'elle-même.

Peut-être avez-vous remarqué des similitudes entre l'histoire d'Harry Potter, Katniss Everdeen (Hunger Games), Frodon (Le Seigneur des Anneaux), Batman, les Princesses Disney et finalement, entre tous les héros des mythes et films à succès.

En réalité, tous sont des variantes du même héros : celui qui sommeille à l'intérieur de **toi**.

Ce voyage peut être vu comme une trame de vie dans laquelle **nous sommes tous les héros de notre propre aventure**. Il nous rappelle que nous avons le potentiel de surmonter les challenges qui se dressent devant nous et de réaliser de grandes choses.

Nous avons tous déjà traversé ce Voyage du Héros dans des moments clés de nos vies, que ce soit à travers une relation amoureuse, en faisant face à des épreuves ou en cherchant notre place dans le monde, un nouveau travail, à travers un deuil, à la naissance de tes enfants, etc...

J'adore cette trame car elle me rappelle la beauté de l'être humain. Nous nous pensons tous différents et pourtant, nous cherchons tous les mêmes choses autant que nos vies se ressemblent.

Dans le cadre de ton parcours d'entrepreneur, nous utiliserons cette philosophie pour te guider car, elle nous rappelle à quel point, la vie est un jeu !

Ta vie est un Voyage du Héros dans lequel, une multitude de péripéties te dirigent vers des milliers de voyages dont **tu es toujours le héros**. Une amie qui t'invite à la suivre dans un voyage, une nouvelle rencontre, une déception amoureuse, un échec... à chaque fois que tu sors de chez toi et au hasard des rencontres et des projets que tu souhaites réaliser se cachent les prémices d'une nouvelle aventure dont **tu seras toujours le héros**.

Ce qui ne signifie pas pourtant que le chemin sera facile, au contraire !

Soyons honnêtes ! Après plusieurs années à étudier l'entrepreneuriat, je ne vois réellement qu'un ingrédient pour dire qu'une personne aura l'engagement nécessaire pour s'en sortir : la connexion entre ton entreprise et ta mission avec ton propre Voyage du Héros !

C'est la seule question ! **Est-ce que ton entreprise et ta mission sont liées à TON Voyage du Héros ?**

Sans cela, la réalité est que la suite de l'aventure ne sera pas simple car, entreprendre, c'est passionnant, mais c'est aussi une voie épuisante qui teste ta résilience à tout point de vue !

Pour résumer la chose, le Voyage du Héros résume l'histoire de toute personne qui entreprend d'accomplir un challenge, rencontre des défis et se transforme pour accomplir une mission importante.

Généralement, ce voyage suit plusieurs étapes parmi[2] :

1. **L'appel à l'aventure** : Le héros entend un appel qui l'invite à quitter sa zone de confort pour se lancer dans une grande aventure. Souvent, un événement ou une situation qui perturbe notre quotidien constitue cet appel.
2. **Le refus de l'appel** : Parfois, le héros hésite voir, refuse l'appel par peur ou doutes.
3. **La rencontre du mentor** : Le héros rencontre un guide qui lui apporte sa sagesse et ses conseils pour l'aider à franchir le seuil de l'aventure.
4. **Le passage du seuil de l'aventure** : Le héros franchit symboliquement la frontière d'un monde qu'il connaît vers un nouveau rempli d'épreuves et de découvertes.
5. **Les épreuves et les rencontres** : Le héros rencontre des défis, fait des rencontres qui le porteront vers son succès et d'autres, qui testeront son courage, sa force et sa détermination tout en lui apprenant des leçons importantes pour son évolution.
6. **La révélation (ou l'apogée)** : Le héros atteint un point critique ou fait face à un défi décisif pour, dans certains cas, remettre en question l'ensemble de sa quête.
7. **La transformation (voir, la résurrection)** : Le héros surmonte son Ultime défi, se transforme et devient plus fort physiquement, mentalement, émotionnellement et spirituellement.
8. **Le retour et le don** : Le héros revient dans son monde d'origine, avec une nouvelle conscience de lui-même, du monde et parfois, un cadeau à partager avec les autres pour contribuer à une communauté ou à la société.

Nous pourrions prendre l'exemple de n'importe quel héros ou héroïne pour illustrer ce voyage autant que tout entrepreneur "à succès".

---

[2] Ce voyage est davantage approfondi comme outil de coaching dans mon précédent ouvrage "L'Orientation Intra-Personnelle : Comment trouver sa voie de façon ludique et révéler son identité" ou dans "Les 5 Actes de la Vie" qui vous guide dans votre Voyage du Héros d'un point de vu identitaire ; pour faire le tour de vous-même et économiser des années de développement personnel.

Tous, sans exception, vivent ce Voyage du Héros que nous pourrions résumer par ce schéma :

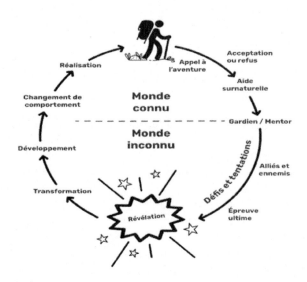

Pour illustrer ce voyage, prenons quelques héros connus (Attention, spoilers du Seigneur des Anneaux (Frodon), Harry Potter, Katniss Everdeen (Hunger Games). Libre à toi d'explorer tes films et entrepreneurs.euses favoris pour constater que cela s'applique à tout le monde) :

L'appel à l'aventure :

Hunger Games : Katniss, est confrontée à l'appel lorsqu'elle se porte volontaire pour participer aux Hunger Games à la place de sa sœur Prim.

Frodon, un hobbit paisible, reçoit l'appel à l'aventure lorsque Gandalf lui confie la mission de détruire l'Anneau Unique pour empêcher son pouvoir maléfique de tomber entre de mauvaises mains.

ᛚᚼ Harry, alors jeune orphelin, apprend qu'il est un sorcier en recevant une lettre l'invitant à l'école de sorcellerie de Poudlard.

Le refus de l'appel :

Au début, Katniss peut hésiter à accepter cette mission dangereuse, mais sa détermination à protéger sa sœur la pousse à se lancer dans l'aventure.

Frodon ressent le poids de la responsabilité et hésite à accepter cette dangereuse quête. Comprenant l'importance de sa contribution pour sauver la Terre du Milieu, il finit par accepter.

ᛚᚼ Au début, Harry peut être réticent à accepter cette nouvelle réalité et doute de ses capacités.

La rencontre du mentor :

Katniss rencontre Haymitch, un ancien vainqueur des Hunger Games, qui devient son mentor et lui donne des conseils stratégiques pour survivre dans l'arène.

Gandalf devient le mentor de Frodon, l'aidant de sa sagesse et de sa magie tout au long de son périple tout en l'encourageant à persévérer malgré les obstacles.

ᛚᚼ Harry rencontre le professeur Dumbledore, le directeur de Poudlard, qui devient son mentor et lui apporte des conseils et un soutien tout au long de son aventure.

Le passage du seuil :

Katniss entre dans l'arène des Hunger Games, quittant son monde familier pour un environnement hostile et rempli de défis mortels.

Frodon quitte la Comté, sa terre natale et entre dans le monde vaste et dangereux de la Terre du Milieu où il devra faire face à de nombreuses épreuves et dangers.

Harry entre dans le monde magique de Poudlard, quittant le monde des Moldus. Il découvre alors un univers rempli de magie, de créatures fantastiques et de sorciers.

Les épreuves et les rencontres :

Katniss fait face à de nombreux défis dans l'arène qui lui montre la nécessité de gagner la faveur des sponsors qui l'aideront à survivre. Elle rencontre également d'autres personnes dans la même situation qu'elle dont certains deviendront des alliés et d'autres, des adversaires.

Frodon rencontre divers personnages tout au long de son voyage qui l'aident à traverser les territoires hostiles et à affronter les créatures maléfiques sur son chemin pour avancer vers sa destination : le Mont Destin.

Harry fait face à de nombreux défis à Poudlard à travers ses cours de sorcellerie, des compétitions de Quidditch et l'affrontement des forces obscures aux côtés de ses amis sorciers.

La révélation (ou l'apogée) :

L'apogée des Hunger Games est le moment où Katniss se rapproche de la confrontation finale avec les organisateurs du jeu et le système oppressif qu'ils représentent.

Frodon et sa communauté se rapprochent du Mont Destin, où l'Anneau doit être détruit. Cependant, Frodon est confronté à la tentation de l'Anneau et souhaite le garder pour lui...

A mesure que l'histoire progresse, Harry se rapproche de la confrontation finale avec Voldemord et prend conscience de l'importance de son rôle dans la lutte contre les forces du mal.

La transformation (voir, la résurrection) :

Katniss mène la rébellion contre le Capitole, défiant les règles des Hungers Games et devenant un symbole d'espoir pour le peuple opprimé. Elle triomphe de l'oppression et contribue à renverser le système.

Frodon, arrivé au sommet du Mont Destin se retrouve incapable de détruire l'Anneau. C'est Gollum, obsédé par l'Anneau, qui finit par le voler et chute dans le feu de la montagne, détruisant ainsi l'Anneau et mettant fin à la menace pesante sur la Terre du Milieu. Frodon se rappelle alors ce qu'était sa mission : préserver la Terre du Milieu et non la condamner en préservant l'anneau.

Harry se retrouve face à face avec Voldemort. Avec l'aide de ses amis et grâce à sa force intérieure, il triomphe et sauve le monde magique.

Le retour et le don :

Après la rébellion, Katniss retourne dans son district, mais elle est profondément marquée par son expérience. Elle doit reconstruire sa vie dans un monde en pleine transition. (Cette reconversion constitue la porte de son prochain Voyage du Héros)

Après sa victoire, Frodon retourne dans la Comté profondément marqué par son voyage. Il est blessé physiquement et émotionnellement, ce qui l'empêche de s'adapter à la vie qu'il avait auparavant... Finalement, Frodon décide de partir sur la Terre de Elfes pour trouver la paix et la guérison.

Après la victoire, Harry retourne à une vie normale, mais il est transformé par ses expériences. Il trouve sa place dans le monde des sorciers et utilise sa célébrité pour promouvoir la justice et la tolérance.

***

Je pense que tu as saisi le concept !

Toutes les plus grandes histoires et héros suivent cette trame, et nous allons voir comment **appliquer cela à ton aventure entrepreneuriale** dans les pages qui suivent !

Mais avant tout, laisse-moi te dire pourquoi tu dois devenir héroïque à notre époque.

Ce n'est pas qu'une question de *"fun"*.

C'est également, **l'unique façon d'assurer ta liberté dans les temps qui arrivent !**

Derrière l'héroïsme, ta souveraineté

*Il n'y a qu'un seul principe, la souveraineté de l'homme
sur lui-même. Cette souveraineté de moi sur moi s'appelle
Liberté.*

\- Victor Hugo

Le concept de souveraineté se trouve au cœur de notre invitation à devenir le héros de ton business et ne se limite pas à une simple philosophie. C'est un véritable art de vivre qui t'incite à prendre pleinement la responsabilité de ta vie.

Dans notre société moderne, il est crucial que chacun entende cet appel et prenne en main son destin afin de garantir la tranquillité de son avenir, sa retraite et sa liberté.

Car, si demain regorge d'opportunités, l'avenir apporte également son lot de défis qui transformeront nos rapports humains et notre façon de faire des affaires.

Un nouveau paradigme est en train de s'installer et invite chacun à réveiller son héros intérieur pour **prendre sa place de leader** dans un monde en transition et en quête de **nouveaux repères**. Et c'est là que réside l'opportunité de ta vie !

Comprenons ce qu'il se passe (accroche toi. Tu vas comprendre beaucoup de choses avec ce chapitre qui dépasse le business) :

Nous assistons à la <u>transition d'un paradigme où l'État était souverain vers un paradigme où chaque individu aspire à réclamer sa propre souveraineté</u>. Autrefois, l'État était perçu comme une autorité incontestée, alors qu'aujourd'hui, une partie du peuple perd sa confiance en nos Institutions, remettant en question le rôle de ces dernières et justifiant leur remise en question. Passant du respect et de la confiance de celles-ci à la **consécration de l'individu**.

Ce changement de paradigme annonce une transformation dans notre relation au travail, offrant à la fois de nouvelles opportunités et des risques parmi, une augmentation des inégalités pour ceux qui restent passifs et attachés à l'ancien modèle.

L'individu souverain incarne l'apogée de la société capitaliste et renvoie à l'idée que chacun est maître de son propre destin. Cela peut être vu comme une forme d'épanouissement personnel et d'autonomie pour aspirer à une liberté totale, mais cela comporte aussi le risque d'engendrer des inégalités et tensions sociales.

En effet, si chacun est libre de choisir son chemin et de réaliser ses aspirations, cela peut entraîner une concurrence accrue pour atteindre nos objectifs, créant ainsi des écarts de richesses et de réussites

Cependant, malgré les risques, ce paradigme vers une souveraineté individuelle peut également devenir un moteur de changement positif, en encourageant chacun à prendre conscience qu'il est **responsable, tant de son bonheur que de son épanouissement**.

C'est ainsi que nous t'invitons à considérer ce changement de paradigme.

Cette nouvelle philosophie suscite le désir d'indépendance et donne à l'entrepreneuriat l'impression d'être le Saint Graal d'une génération en quête de sens et d'autonomie.

Dans ce contexte, l'idéal serait de trouver un équilibre entre accomplissement personnel et bien-être collectif, en encourageant chacun à réaliser ses aspirations tout en construisant une société plus juste et solidaire. Malheureusement, l'ultra-capitalisme et la culture égocentrique liée à la consommation ont tendance à fragiliser la classe moyenne et à favoriser les inégalités.

Alors, qu'est-ce que cela signifie et pourquoi est-ce que je t'en parle ?

Si tu découvres ce paradigme, faisons un bref point de Culture Générale : Le concept d'individu souverain a été développé par James Dale Davidson dans son livre « *The Sovereign Individual : Mastering the Transition to the Information Age* ». Selon Davidson, l'individu souverain est celui qui est capable de prendre en main sa vie et de se libérer des contraintes et des dépendances qui pèsent sur lui. Il est celui qui est capable de **se créer un monde à sa mesure**, en utilisant les nouvelles technologies et les opportunités qu'elles offrent.

Pour Davidson, l'émergence de l'individu souverain est liée à la transition vers l'ère de l'information, qui transforme à la fois notre société et notre économie. Cette transition favorise l'émergence d'une nouvelle classe d'individus capables de s'adapter rapidement aux changements et de créer leur propre valeur grâce aux outils numériques. *#La vie de digital nomade & Co.*

L'individu souverain est celui qui crée une vie en accord avec ses aspirations et ses valeurs tout en se libérant des contraintes de l'ancien monde, telles que les contrats de travail à vie, les pensions de retraite, les services publics monopolistiques et les réglementations restrictives.

Bien qu'il puisse sembler individualiste et élitiste, Davidson insiste sur le fait que ce nouveau paradigme peut être bénéfique et contribuer à une société plus libre et plus juste en encourageant la diversité et en s'opposant aux réglementations qui freinent l'innovation et l'initiative individuelle.

En bref, chacun devient de plus en plus responsable de sa propre réussite et de lui-même.

Cependant, le problème réside dans le fait que ce paradigme se met en place naturellement, et une partie de la population et des nouveaux entrepreneurs ne le comprend pas, ce qui entraîne une augmentation des inégalités économiques et sociales.

Certains sont capables de créer une vie prospère et épanouissante grâce aux nouvelles technologies, tandis que d'autres sont laissés sur le côté en raison d'un manque de compétences ou de ressources.

Alors, c'est bien beau de se lancer dans l'entrepreneuriat pour gagner un semblant de liberté et de souveraineté, mais rappelons-nous que ce chemin est semé d'embûches. Selon une étude de l'INSEE datant de 2019, un entrepreneur moyen gagne seulement 590€ par mois (pour davantage d'implication qu'un 35 heures).

Alors certes, certains entrepreneurs qui revendiquent leur souveraineté ont la capacité de rassembler autour de leur personnalité grâce à leur leadership et réussissent brillamment autant qu'ils gagnent confortablement leur vie. D'autres sont simplement **des héros en devenir** qui tâtonnent à trouver le bon chemin et <u>luttent à vivre de leur activité</u>. Ils cheminent vers leur souveraineté, mais ne savent pas encore comment l'incarner pleinement.

Pour résumer, ce paradigme est déjà une réalité et son impact pourrait se résumer ainsi :

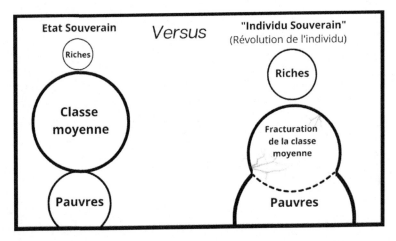

Dans notre constat, **la classe moyenne se fragilise**. Certains s'émancipent du système en créant le leur à travers la quête de leur souveraineté et s'enrichissent tandis que ceux qui ne s'adaptent pas aux innovations tant technologiques que sociales, subissent ces transformations.

Il est essentiel de comprendre que **ce paradigme est déjà une réalité** et qu'il impacte notre société de manière significative. Nous pouvons observer cette évolution chez les jeunes d'aujourd'hui, qui intègrent ce paradigme <u>sans même s'en rendre compte et qui accélèrent ce dernier par leur consommation</u>.

- Les médias de masse sont en déclin, la jeunesse préfère suivre leurs influenceurs préférés sur des <u>plateformes personnelles</u> telles que YouTube, Instagram, Snapchat, TikTok, Twitch et autres plateformes de streaming. Ces influenceurs sont en quelque sorte des souverains en devenir (s'ils ne le sont pas déjà).
- La confiance accordée aux professionnels des Institutions diminue. Aujourd'hui, un influenceur pèse souvent plus lourd qu'un enseignant ou un homme politique. La valeur du diplôme diminue au profit de la valeur offerte par la notoriété.
- L'envie d'avoir une carrière traditionnelle est en train de disparaître. Les jeunes veulent créer leur entreprise, devenir leur propre patron et investir pour atteindre une certaine indépendance financière.

A son rythme, ce paradigme redessine nos business modèles et t'invite à prendre ta place MAINTENANT !

Sinon, Jacques Attali, conseiller d'État et économiste a déjà prédit à quoi ressemblerait l'avenir. Selon lui, la société se divisera en trois groupes sociaux qui émergent d'ores-et-déjà[3].

➢ D'un côté, les "nomades de luxe", ceux qui sont les créateurs de l'information. Il s'agit des individus souverains tels que présentés précédemment. Ils alimentent une masse de travailleurs en les divertissant, en influençant leurs opinions, et même en les éduquant d'une manière que l'école n'a pas su faire : à travers le sens et un parcours qui permet à chacun de s'individualiser[4] pour **prétendre à "devenir quelqu'un"**. Ces derniers disposeront de la liberté de déplacements et de la liberté technologique. (Tu t'imagines bien qu'un Paris-New York en 16 minutes dans une fusée Space X et un casque en Réalité Virtuelle à 3 000€ n'est pas pour tout le monde).

➢ À l'opposé, il y a une masse de travailleurs précaires, de chômeurs et d'immigrés qui travaillent où ils le peuvent simplement pour "survivre".

---

[3] La mondialisation des anti-sociétés, p126-135, Jacques Attali
[4] En psychologie, le processus d'individualisation permet à chacun de se construire identitairement et de se définir par soi-même et non plus uniquement à travers son appartenance à une entité collective. Mon livre précédent "Les 5 Actes de la Vie" t'accompagne dans ce processus.

➤Au milieu, se dessine la classe moyenne actuelle : un vaste groupe qui développe peu à peu le désir de rejoindre les "nomades de luxe" (des individus souverains, libres d'être et de faire ce qu'ils souhaitent, financièrement sécurisés) tout en redoutant de basculer dans la précarité d'un monde en constante évolution. Cette classe trouverait le luxe dans le cocon virtuel, en assistant à des spectacles via les jeux vidéo, les réseaux sociaux et toutes les formes de divertissement...

Si l'on y regarde de plus près, **cette réalité existe déjà chez certains** jeunes qui passent parfois plus de temps devant un écran que dans le monde réel.

Attention : je ne dis pas que c'est une bonne chose, c'est simplement ce qui se produit. Ce sont les règles du jeu qui se dessinent. Soit, tu joues avec ces règles, soit tu les subis, soit tu crées les tiennes.

Et c'est ce troisième choix que l'on t'invite à faire, sans être trop perturbé par la vision inégalitaire du vieil Attali. Je te montre l'extrême pour t'inviter à **bouger** et à prendre conscience que le monde ne tourne pas en ta faveur si tu ne deviens pas l'acteur de ta vie.

Personnellement, et cela n'engage que moi, j'observe que le monde se divise simplement en deux catégories : des **leaders-souverains qui cocréer** un monde à leur image à travers diverses micros-communautés, qui partagent des valeurs et des rituels communs. Des groupes de personnes qui se rappellent que nous ne sommes qu'Un et que derrière l'autre, il y a un créateur et un être qui est important.

De l'autre côté, j'imagine des personnes qui, par manque d'éducation et de conscience, vivrons dans l'attente que leur situation s'améliore jusqu'à ce qu'ils comprennent (ou pas) qu'il n'y a pas de créateurs autres qu'eux même susceptibles d'améliorer leur condition. Et pour eux, la vie sera très précaire...

Bref, d'un côté, l'abondance et l'interdépendance. De l'autre, la misère et la dépendance. D'un côté la connaissance et la conscience, de l'autre, l'ignorance. C'est le même combat depuis la nuit des temps...

A toi de choisir ton camp. #Souverain ou rien.

Pour l'instant, il est temps de hisser les voiles vers le héros qui sommeille en toi pour devenir ton propre souverain !

Ce changement de paradigme invite l'entrepreneur moderne à s'inspirer du business modèle de l'Etat : créer une communauté et vivre sur la consommation de ses membres.

Notre philosophie, basée sur l'héroïsme, repose sur ce paradigme, avec **un changement majeur** qui pourrait être résumé ainsi : créer une communauté de **héros** et vivre de la **satisfaction** et de **l'épanouissement** de celle-ci.

Ainsi, nous redonnons à nos clients la considération qu'ils méritent. Ce ne sont pas des consommateurs, ce sont des héros. Sans la dimension héroïque, et en utilisant un terme économiste, cela revient à passer du statut de consommateur à celui de "consomm'acteur".

Sérieusement, le monde de demain a besoin de héros pour s'améliorer et de personnes qui assument leur pouvoir créateur autant que leur responsabilité ! Il n'a pas besoin d'abrutis qui consomment aveuglément des choses dont ils n'ont pas besoin pour combler leur détresse existentielle et leur vide intérieur.

Par leurs achats, ils votent pour ce qu'ils estiment avoir de la valeur ! Chaque achat reflète leurs valeurs et, c'est ainsi que l'on change le monde.

Si les gens vivaient en accord avec eux-mêmes, le monde serait tellement plus simple et merveilleux. Le problème, c'est que notre modèle capitaliste repose sur la *consommation compulsive*. Une consommation du monde extérieur pour masquer le vide intérieur que la plupart des gens ressentent...

Tes clients n'ont pas besoin d'un énième produit à la mode, ils ont besoin de **sens**. Ils ont besoin de **quelqu'un qui leur redonne leur pouvoir**, **qui les considère** en tant qu'êtres humains plutôt qu'en de simples "consommateurs".

Le monde a simplement besoin d'être humanisé !

Le héros des temps modernes n'est pas un stéréotype de Wonder Woman ou de Tony Stark, excentrique, millionnaire et doté d'un physique de rêve.

Le héros des temps modernes est avant tout lui-même.

Il possède un haut niveau de conscience, contribue de manière positive au monde et s'efforce de faire du bien autour de lui.

En somme, tu l'as compris, un entrepreneur **héroïque** est destiné à être un leader et à avoir un impact positif sur un groupe de personnes.

Revendiquer sa souveraineté est une invitation à **créer ta propre vie**, en accord avec tes aspirations et tes valeurs, tout **en te libérant des contraintes de l'ancien monde**. C'est un chemin qui nécessite <u>courage</u> et <u>détermination</u>, mais c'est aussi une opportunité de **prendre le contrôle de ton existence**.

En embrassant la souveraineté et en devenant le héros de ton business, tu auras l'occasion de créer et/ou d'alimenter une communauté de personnes partageant les mêmes valeurs, et tu vivras de la satisfaction et de l'épanouissement de celle-ci. Tu seras amené à **partager ta vision du monde <u>avec ton cœur</u>** pour impulser un changement positif dans le monde et dans la vie des gens, tout en étant rétribué pour cela.

<u>Le monde est en mouvement</u>, et il est temps de hisser les voiles vers le héros qui sommeille en toi ! En prenant ta place dans ce nouveau paradigme, tu auras l'opportunité de transformer ta vie et de **contribuer** à une société plus juste et solidaire.

Sois prêt à conquérir les foules par ton leadership et ton engagement envers le bien commun.

Maintenant que nous avons abordé l'essence de l'héroïsme et de la souveraineté, nous allons explorer comment ces concepts peuvent être appliqués à ton aventure entrepreneuriale dans les chapitres à venir.

Prêt à conquérir les foules ?

Gagne la foule et tu gagneras ta liberté

"Je n'étais pas le meilleur parce que je frappais plus vite, j'étais le meilleur parce que la foule m'aimait... Gagne la foule, Maximus, et tu auras ta liberté !"

Cette réplique du film Gladiator, résonne avec justesse et illustre parfaitement ce qu'est un entrepreneur au 21e siècle.

En tant qu'entrepreneur, **tu es un héros qui gagne le cœur de tes clients** pour leur offrir tes services. Les entrepreneurs qui connaissent une ascension fulgurante et qui sont aujourd'hui reconnus comme des leaders audacieux ont tous entrepris leur propre voyage du héros.

Tous ont su fédérer autour d'eux une communauté de personnes qui se reconnaissent dans leur message. Et rassure-toi, ils n'ont pas eu besoin d'impacter des milliers de vies pour commencer à vivre de leur activité.

Parfois, quelques dizaines de personnes qui se reconnaissent dans ton message suffisent.

J'aime imaginer chaque entrepreneur comme un gladiateur, debout au milieu d'un Colisée, avec son produit et sa personnalité comme armes. Et la bonne nouvelle, c'est que tu n'as pas besoin du charisme de Russell Crowe pour t'en sortir, car **ce n'est pas une affaire de charisme, mais de cœur !**

Gagner la foule, c'est **magnétiser** tes clients à travers ce que tu incarnes ; à travers qui tu es !

Ton histoire est déjà extraordinaire et il est essentiel que tu prennes conscience de tout ce que tu as déjà accompli.

Pas besoin de glaive ni de bouclier pour conquérir la foule, tu possèdes déjà ce feu intérieur qui t'a conduit à entreprendre. Tes armes sont ton savoir, ton courage, ta persévérance et ton combat pour ta liberté d'entreprendre et apporter au monde quelque chose qui lui permette de s'améliorer et d'avancer.

Le secret de ton succès réside dans ta capacité à descendre dans l'arène et délivrer ton message pour te connecter avec les "bons clients". Tous ne seront pas prêts pour l'aventure que tu proposes à travers ton business, et c'est tout à fait normal.

Visualise-toi au milieu de l'arène, fier de partager ton message. Regardant humblement une armée de légionnaires-concurrents qui agissent dans le même secteur que toi et qui se battent pour attirer de nouveaux clients.

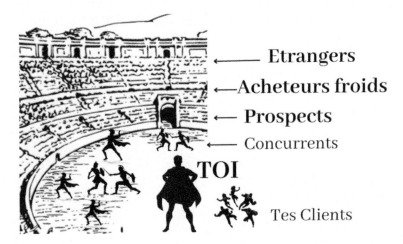

Toi, dans ton héroïsme, **tu es au-dessus de cette bataille**. À ton niveau, il n'y a pas de concurrents, seulement des **partenaires potentiels** ou des exemples qui te montrent ce que tu dois éviter de faire et constater ce qui fonctionne déjà dans ton secteur d'activité.

Au lieu de te laisser influencer par les résultats des autres, tu es pleinement concentré sur toi et sur la foule ! C'est là que se trouve ta joie, ton enthousiasme et tes prochains clients héroïques !

Dans l'arène, tu rencontreras généralement trois types de personnes :

❖ En haut, **les étrangers**. Ils s'intéressent à tes sujets, mais sans plus. Ils sont perturbés par le bruit de l'arène et l'avalanche d'informations de notre société. Entre Netflix, Instagram et tous ces divertissements, tu n'as pas le temps de marquer les esprits de tout le monde et beaucoup de personnes qui pourraient être intéressées par tes services seront tout simplement trop occupées pour te prêter attention. Néanmoins, ton travail est de rester dans l'arène, de faire rayonner ton message et de parler des besoins et des désirs de ceux que tu imagines pouvoir aider. Certains descendront plus près de toi pour devenir...

❖ **Des acheteurs froids**. Il s'agit d'un niveau intermédiaire où se trouvent des personnes qui consomment déjà des produits similaires aux tiens. La question qu'ils se posent est simple : pourquoi toi et pas un autre ? C'est une question de feeling. Tu ne plairas pas à tout le monde, et c'est normal ! Ton épopée n'est destinée qu'à quelques élus (plus ou moins nombreux selon ton service ou produit).

❖ Juste avant de te rejoindre sur le terrain, tu trouveras tes **prospects chauds !** Eux, ils te connaissent déjà, te lisent, te suivent sur les réseaux sociaux même s'ils ne te le font peut-être pas savoir. Parmi ces prospects, se trouve une masse silencieuse qui n'attend qu'un appel à l'action pour te rejoindre. Propose régulièrement ton aventure de manière claire, car tout le monde ne sera pas prêt à te rejoindre immédiatement. Certains ont besoin de temps pour réfléchir, comparer ou comprendre ce que tu proposes.

Rappelle-toi que **tu n'as pas besoin de tes clients, ce sont eux qui ont besoin de toi !**

Ton travail en tant qu'entrepreneur est de rester actif dans l'arène, de continuer à partager ton message, et d'être présent pour ceux qui sont prêts à te suivre.

Rien ne t'empêche de prendre une pause pour créer et te ressourcer mais n''oublie pas qu'**à notre époque, les héros sont vite oubliés et remplacés par d'autres**…

En bref, **ne t'endors pas dans les coulisses !**

Reste engagé dans ton voyage du héros car gagner la foule et attirer les clients que tu mérites, c'est vivre ta liberté d'entreprendre et **prendre davantage de plaisir dans le Voyage que dans la destination.**

Continue à te montrer tel que tu es, avec ton savoir, ton authenticité, et ton désir d'apporter du positif au monde.

Gagne la foule, et tu verras que le succès et l'épanouissement dans ton business suivront naturellement.

Et pour accélérer cela, il est temps de te présenter le Voyage du Héros qui se présente à toi...

Le voyage du héros de l'entrepreneur

Le Voyage du Héros, c'est aussi un voyage au bout de soi-même. Au bout de l'humain.

Après avoir assimilé les fondements de ce voyage héroïque, il est temps de l'appliquer à l'univers captivant du business !

Si tu te trouves plongé dans les pages de ce livre, c'est parce que tu as ressenti cet **appel irrésistible à l'aventure entrepreneuriale**. Un appel, nourri par un désir ardent, une opportunité, un appel à l'action puissant ou une idée inspirante qui a enflammé ton esprit et ton cœur, te propulsant dans l'univers fascinant de l'entrepreneuriat.

Cependant, ce voyage n'est pas sans défis. Dans cette audacieuse entreprise, des nuages d'incertitude et de peur ont pu obscurcir ton horizon. La crainte de l'échec, telle une ombre inquiétante, a tenté de te retenir ou de t'éloigner de cette aventure.

Pourtant, tu as refusé d'être accablé et de laisser la peur dicter tes choix. Tu as trouvé la force de vaincre tes hésitations pour franchir les frontières de l'inconnu en faisant **preuve de bravoure !**

Au cours de ce voyage palpitant vers un business qui te permettra de vivre pleinement ta passion, **les rencontres** que tu as faites ont été des tournants décisifs.

Parmi elles, **un mentor** bienveillant est apparu, tel un phare dans l'obscurité et t'a offert bien plus que de précieux conseils. Il t'a montré la voie et t'a permis de surmonter tes doutes et tes peurs, te conduisant habilement à éviter des pièges et des erreurs coûteuses.

Si tu te trouves encore égaré et ne sais pas comment croître, il est fort probable que trouver un mentor puisse être l'étape manquante qui te mènera vers le succès que tu recherches.

Cependant, même si un mentor ne croise pas encore ton chemin, le simple fait que tu aies bravé l'aventure mérite d'être célébré. (Si tu ne l'as pas fait, prends le temps de célébrer tes succès : restaurant, massage, fiesta… Ne laisse pas les challenges que tu as accompli être de "petites choses").

Aujourd'hui, tu te trouves plongé dans l'univers sauvage et excitant du business, où chaque jour apporte son lot d'épreuves et de défis. Et c'est justement au cœur de ces **challenges** que se cache ton héroïsme, les rencontres les plus importantes et les moments qui éveillent ton esprit et nourrissent ton âme.

Au fond, tu le sais déjà ! C'est grâce à ces challenges que tu apprends à <u>devenir la personne que tu dois être pour atteindre les résultats que tu désires</u>. Et c'est au cœur de ces aventures que se cache également les résultats financiers que tu ambitionnes pour ton entreprise.

Ces défis sont autant d'occasions d'apprentissage qui te permettent de te transformer et d'évoluer, te propulsant ainsi de l'entrepreneur ordinaire à l'entrepreneur héroïque dont nous parlons depuis le début.

Voici une représentation de ce voyage du héros appliqué au monde du business :

Le Voyage du Business Heroes ©

Retour victorieux

Appel de l'aventure

Renaissance de
l'entrepreneur

Entrepreneuriat classique

Galères, concurence, éfforts,
compétition, business plan, stress, pub...

Acte de
bravoure

Entrepreneuriat Héroïque

Route du
retour

Voyage de Héros, non-effort, état de FLOW,
intuition, ventes magnétiques, sérénité, jeux
et plaisirs, aventures, développement
personnel...

Mentorat

Transformation

CHALLENGES

Chaque étape de ce voyage représente un moment clé dans ta progression.

Les défis que tu rencontres sur ton parcours entrepreneurial sont l'essence même de cette aventure.

En utilisant ce schéma, tu pourras naviguer à travers les défis de ton parcours, comprendre ce qui t'attends pour apprendre et te transformer plus rapidement.

La leçon la plus importante à retenir est celle-ci :
Tu AS ce que Tu ES !

Si tu ne possèdes pas encore ce que tu désires, c'est peut-être parce que tu n'es pas encore totalement aligné avec tes aspirations.

À ce stade, deux perspectives s'offrent à toi, et l'une d'entre elles sera certainement plus puissante et inspirante pour te guider vers le succès et les merveilleuses synchronicités qu'offre la vie, une fois dans ton Voyage du Héros.

Il y a la voie classique, basée sur une série d'analyses, de stratégies et de business plans. Cette approche peut certainement porter ses fruits, mais elle peut aussi te pousser à travailler sans relâche sans forcément produire les résultats que tu espérais. Nous avons personnellement investi beaucoup d'argent dans des coachings, etc. qui nous ont proposé ce genre d'approche. Bien que cela ait fonctionné, cela n'a pas empêché de faire énormément d'essais-erreurs qui nous ont fait perdre du temps et de l'argent, tout en nous épuisant …

Et puis, il y a la voie héroïque, qui consiste à faire de ton business, un voyage dont tu es le héros !

Dans les deux cas, il y aura des moments où tu feras face à des échecs. Mais dans cette approche, l'échec fait partie intégrante de l'aventure et nous permet de grandir personnellement.

Ton business est conçu comme <u>une série de problématiques</u> qui peuvent s'avérer rentables et surtout te procurer une prise de conscience et du plaisir, lorsqu'ils deviennent des **challenges** !

C'est de loin, la meilleure stratégie de survie face aux montagnes russes que l'on rencontre dans l'entrepreneuriat.

Les chapitres 3 et 4 seront consacrés à cette partie "**Challenges**", mais pour l'instant, faisons le point et déterminons quel type de héros tu es réellement !

Décris ton Voyage du héros en quelques lignes :

• Mon appel de l'aventure a été/ est :

_____

_____

_____.

• J'ai eu le courage de franchir le seuil de l'aventure le (donne une date) : _____.

• Si tu ne l'as pas encore fait, donne-toi une date pour passer à l'action ! Mon entreprise sera ouverte le : _____.

• Mon/ mes mentor.s (ou tes sources d'inspiration) sont :

_____

_____

_____.

• Mes problématiques, qui sont autant de challenges, sont :

_____

_____

_____

_____.

• Pour les accomplir, liste ce que tu fais d'héroïque et comment tu es perçu par les autres et par toi-même ! Si tu étais un héros, que dirait-on de toi, de ce que tu fais et de ce que tu es (Par exemple, on dirait de moi que je suis challenger, passionné, joueur, sensible et intuitif (tu peux aussi y mettre quelques valeurs pour te définir) : _____

_____

_____.

Pas toujours facile de se définir, n'est-ce pas ?

Dans le chapitre qui suit, je te partage **le plus puissant des outils de développement et de connaissance de soi** que tu puisses trouver pour devenir héroïquement toi-même !

Tu as peut-être entendu parler du MBTI (le test des 16 personnalités), de l'Ennéagramme, la PCM, le Big Five et tous ces tests de personnalité. Celui qui suit permet une véritable transformation identitaire pour devenir celui ou celle que tu as besoin de devenir pour atteindre tes objectifs !

Mais avant de découvrir cela, je t'invite à te questionner sur ce que ferait d'héroïque et de différent la version de toi qui a les résultats que tu désirs ? Que diraient les autres de cette version de toi ? (Ces questions permettent de comprendre ce que tu vas pouvoir aller chercher à travers les outils qui suivent).

_____

_____

_____

_____

_____.

Le PI/EA® pour révéler ce héros que tu es déjà !

Je tiens ce monde pour ce qu'il est :
*Un théâtre où chacun doit **jouer son rôle**.*

-*William Shakespeare*

Bienvenue dans ce chapitre passionnant où nous allons découvrir un puissant outil de connaissance de soi : les 12 archétypes de Carl Gustave Jung.

Lorsque nous nous lançons sur le chemin de l'entrepreneuriat, nous nous trouvons confrontés à un rôle complexe qui exige de prendre des décisions cruciales, de relever des défis et de s'affirmer dans un environnement compétitif.

Pour avancer, nous avons parfois tendance à "mettre un masque", à dissimuler une partie de notre véritable identité pour correspondre à l'image de "l'entrepreneur idéal" vers laquelle nous aspirons. Ce masque se construit autour de nos désirs et de notre besoin à être socialement conforme au milieu dans lequel nous évoluons et souhaitons évoluer. Cependant, ce masque nous empêche souvent d'être pleinement nous-mêmes et d'assumer toutes les différentes facettes qui composent notre être, en tant qu'entrepreneurs et humains parfaitement imparfaits.

***

Parenthèse pour ceux qui découvrent la notion d'archétype :

En temps ordinaire, les archétypes sont des symboles universels présents dans les mythes et qui permettent aux hommes d'associer une image à une pensée ou à une idée. Ce sont des représentations mentales qui encadrent des concepts psychiques.

Nous les retrouvons dans toutes les grandes histoires et dans nos rêves, car nos rêves permettent à notre inconscient de donner forme à nos questionnements internes à travers des métaphores "archétypales". Les archétypes sont donc **omniprésents**, à la fois en nous, à travers nos rêves et notre identité, mais aussi à l'extérieur, car nous les projetons sur des objets, des personnes, des situations, l'art, la religion, etc. Ainsi, **ils vivent en nous autant que nous vivons en eux.**

*** fin de la parenthèse***

Les douze archétypes de Jung représentent **différentes facettes de notre personnalité** qui agissent de manière inconsciente pour répondre à nos besoins.

En explorant consciemment ces archétypes, nous avons la possibilité de découvrir notre véritable potentiel entrepreneurial et humain.

C'est ici que le PI/EA© (Parrainage Identitaire par Energie Archétypale), entre en jeu.

Il met en lumière le fait que nous avons tous **une personnalité unique** qui accueille différents archétypes influençant notre personnalité en fonction de nos besoins du moment.

Cette stratégie de socialisation et de transformation personnelle, lorsqu'elle est consciente et maîtrisée, est ce que j'appelle le *"Parrainage Identitaire"*. Comme si ton identité était alimentée par divers archétypes en chaque instant et selon tes besoins à l'instant T.

Le pouvoir de ce parrainage est **double** : il peut accélérer notre transformation personnelle et nous permettre de projeter des jeux psychologiques sur nos clients.

Chaque archétype étant lié à un besoin spécifique, en projetant ces derniers sur nos clients, nous influençons leurs comportements de manière subconsciente et les entraînons dans un jeu psychologique.

C'est une technique puissante utilisée dans le marketing, la politique et l'ingénierie sociale qui s'assimile à de la manipulation et pouvant être positive comme négative.

Par exemple, en parlant d'entrepreneuriat héroïque, nous projetons sur toi l'archétype du Héros qui pourrait bien influencer massivement tes résultats dans les semaines et mois à venir 😊

Ce livre, n'ayant pour but de t'initier à ces techniques de manipulation, continuons notre voyage !

Chaque archétype représente un type de personnalité spécifique. En d'autres termes, tu as 12 héros qui sommeillent en toi et chacun possède une énergie unique autant qu'il offre des qualités précieuses pour ton cheminement entrepreneurial.

Il est important de noter que les entrepreneurs à succès qui t'inspirent sont eux-mêmes influencés par un ensemble d'archétypes, qui contribuent à façonner leur succès.

Imagine-toi dans le domaine du développement personnel, chaque coach-entrepreneur-leader de cette niche représente un archétype qui t'influence par son énergie. Et dans le fond, tous ne sont que la projection d'un seul et même archétype que tu possèdes en toi et projette sur eux. Dixit, en les écoutant et en achetant chez eux, inconsciemment, tu nourris et achète une partie de toi. C'est là, la puissance de l'outil !

Par cette conscience, tu réalises devenir le résultat de l'énergie que chacun laisse en toi. (Une prise de conscience énorme qui devrait t'inviter à façonner un environnement propice aux bonnes énergies).

Ce puissant outil te permettra de mieux te comprendre et de jouer pleinement ton rôle d'entrepreneur avec puissance et authenticité.

Alors, à toi d'avoir le courage de Tom Cruise et d'assumer ces héros qui sommeillent en toi !

Pour la suite de ce chapitre, jouons-la "Mission Impossible" !

*"Votre mission, si toutefois vous l'acceptez, est d'identifier les archétypes/ héros qui vous animent aujourd'hui. Attention, ce livre s'autodétruira dans 3...2...1. *Boom*".*

Dans le chapitre 4, tu seras invité à choisir les archétypes qui résonnent le plus avec toi et ta vision, afin qu'ils t'influencent positivement et t'aident à atteindre tes objectifs.

Prêt pour cette aventure intérieure passionnante ?

Tes 12 héros intérieurs

Peu importe la période que tu traverses, ton histoire personnelle t'a naturellement orienté vers une ou plusieurs énergies archétypales qui t'animent plus ou moins consciemment en ce moment même.

Notre objectif est de t'aider à identifier ces énergies et à les comprendre davantage pour les utiliser à ton avantage.

Le point essentiel à retenir est que l'énergie représentée par un archétype te conduit à adopter un comportement particulier pour répondre à une mission de vie que tu suis déjà. Cela va encore plus loin puisque chaque énergie influence l'ensemble de ta personnalité : tes motivations, tes besoins, tes valeurs, tes croyances, tes capacités, tes relations amicales et de couples, l'environnement dans lequel tu te sens bien, etc.

Imagine les archétypes comme les personnages récurrents d'une pièce de théâtre, à l'image de la commedia dell'arte. Chacun de nous joue un rôle inspiré de ces archétypes en fonction de nos préjugés, de notre culture et de notre vision de la vie. Ils nous permettent de trouver un rôle dans la pièce de théâtre que représente la vie.

Dans un premier temps, je t'invite à **explorer** ces douze archétypes et à **identifier** ceux qui t'animent actuellement de manière "dominante". En observant comment ils se reflètent dans ta personnalité, tu découvriras des ressources qui existent déjà en toi.

En t'identifiant à l'un de ces personnages, tu acceptes de manière ludique tes forces et tes qualités. Peut-être te reconnaitras-tu dans l'archétype du Sage, avec sa sagesse et sa capacité à enseigner aux autres, ou peut-être es-tu plus en phase avec l'archétype du Créateur, avec son imagination et sa capacité à innover.

Il est important de noter que l'énergie archétypale a pour objectif de t'aider à te construire et à trouver des ressources pour affronter les défis de la vie.

Chacun exprimera un archétype de manière unique en fonction de ses expériences et de son évolution personnelle.

Tu trouveras sur cette adresse, un support pour réaliser un test plus précis : **https://niveausup.fr/odyssee-entrepreneuriale-ressources/**

Note : au centre se trouve "**le Soi**" qui, d'un point de vue psychologique, représente le Grand Moi dans toutes ses possibilités. C'est la partie spirituelle de l'être humain que nous explorons en coaching mais qu'il est inutile d'explorer ici. Comprends juste que TU ES BIEN PLUS qu'un héros et une définition clé en main de ta personnalité.

Il est essentiel de comprendre que nous parlons d'"énergie" et non pas d'un profil de personnalité qui pourrait t'enfermer dans une représentation figée de toi-même.

Tu n'es pas les héros que nous allons découvrir ; tu n'es pas un "Innocent", un "Sage", un "Créateur" ou l'un des neuf autres archétypes. Cependant, l'énergie de ces derniers peuvent t'animer et t'inspirer plus ou moins intensément. Un test le mettra en évidence.

Tous les tests qui te mettent dans une case sont *excuse-moi du terme,* **de la merde** !

La réalisation de Soi, ce n'est pas entrer dans des cases, mais au contraire, les faire sauter pour réaliser que **tu peux être ce que tu veux** dans la mesure où tu t'en donnes les moyens, le décides et t'éveilles suffisamment à Qui Tu Es !

Pour aller plus loin dans ce test et travailler sur ta vision, chaque Héros a une mission de vie. En comprenant ceux qui t'animent le plus, tu pourras comprendre tes motivations profondes.

Très important : ceci n'est pas "la Vérité" mais un outil pour penser le fonctionnement de l'être humain.

Voici ton support à colorier ainsi qu'un exemple de résultats pour te donner une idée :

ROUE HÉROÏQUE

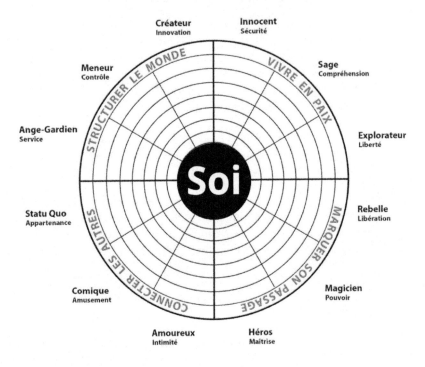

Et voici un exemple de résultat avec mon test personnel :

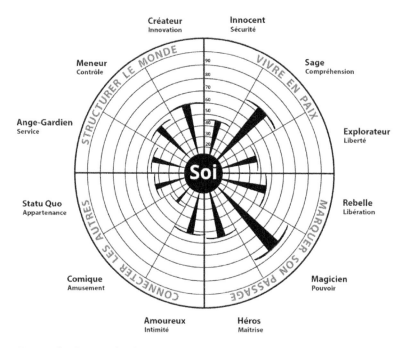

Exemple du test d'Alexandre Baé réalisé en Juillet 2023.

Note : Bien que je possède comme dominante le Sage et le Magicien depuis plusieurs années, certains se sont développés davantage et d'autres se sont atténués. Avoir écrit 5 livres en deux ans m'a été permis par mon Sage intérieur autant que le Magicien m'a permis de concevoir toutes les méthodes sur lesquelles reposent mon activité de Coaching et de formation.

L'important est de pouvoir nourrir toutes ces parties de Soi. Par exemple, mon Comique se manifeste peu au quotidien mais, quand je lui ouvre la porte, c'est une avalanche de gamineries. Il suffirait d'une semaine d'immersion avec des potes pour qu'il se manifeste davantage si un nouveau test était effectué. Les dominants eux changeront plus difficilement.

Dans ces exemples, l'important est de comprendre que cela évolue selon les challenges que tu traverses et ce que tu vis. Il suffit que tu tombes amoureux pour que l'archétype de l'Amoureux se présente en toi de façon prononcée.

J'accompagne des personnes en reconversion et la manifestation d'un archétype peut conduire à un burnout ou à un mal-être dans ce que tu fais. Simplement parce qu'il faut entendre l'ensemble de ces parties "en toi" et faire évoluer ton activité en ce sens.

Ce qui ne signifie pas devoir arrêter ce que tu fais pour autre chose dès qu'un nouveau besoin se présente MAIS, qu'un changement dans ta façon de "faire" est nécessaire pour coller davantage à ce que tu es et deviens.

Nous aurions pu prendre des entrepreneurs connus, mais tous sont influencés par deux à trois dominants. Nous faisons du cas par cas en consulting car personne ne peut vraiment entrer dans une case.

Note pour la suite : fais ton test en téléchargeant ton support sur **https://niveausup.fr/odyssee-entrepreneuriale-ressources/**

Tu liras la description de tes profils dominants ci-après avec plus d'intérêts 😊

Descriptions brèves des 12 Archétypes

Innocent.e

L'Innocent est un archétype associé à la **pureté**, à la **simplicité** et à **l'optimisme**.

Les personnes animées par cette énergie ont une vision du monde empreinte de bonté et d'émerveillement. Elles croient en la bonté fondamentale des gens et cherchent à éviter les conflits, privilégiant l'harmonie pour maintenir une tranquillité d'esprit.

Leur **empathie** naturelle les pousse à être attentives aux problèmes de leurs proches et à leur apporter leur **soutien**, ce qui les rend appréciées en tant qu'amis **bienveillants**.

La simplicité est une valeur importante pour l'Innocent, qui apprécie la **quiétude** du moment présent et les choses simples de la vie. Elles sont **sensibles** à la **beauté** du monde qui les entoure et accordent une grande importance à des relations saines et **authentiques**.

Elles se laissent guider par leurs **principes** et leurs valeurs plutôt que par la logique pure.

Il possède un fort désir de préserver son innocence à travers des expériences positives et préservées des influences négatives

Parfois, l'Innocent ressent le besoin de se retirer pour réfléchir à des sujets importants et peut sembler être dans sa bulle, absorbée par ses pensées.

L'objectif de cet archétype est de <u>trouver un paradis personnel pour mener une vie simple et heureuse</u>.
Sa stratégie, pour atteindre cet objectif est de mettre de l'amour dans tout ce qu'il fait.

Sage

Le Sage est un archétype qui incarne la **quête de vérité** et de **sagesse**.

Les personnes animées par cette énergie ont une soif insatiable de savoir et recherchent constamment la vérité et la **compréhension** du monde qui les entoure.

Le Sage possède une profonde compréhension des choses, acquise au fil du temps grâce à l'intégration de **connaissances** diverses et à leur application éclairée.

Calme, **réservé** et **introspectif**, le Sage apprécie la **solitude** qui lui permet de plonger au cœur de ses réflexions et de **méditer** sur des sujets importants.

Sa présence dégage une aura de **sérénité** et de **confiance**, car il est capable de prendre du recul et de voir les situations sous un angle plus large.

En tant qu'enseignant, le Sage guide les autres sur le chemin de la connaissance en partageant sa sagesse et ses conseils avisés. Il croit en la valeur de l'éducation et s'efforce de **transmettre** ses connaissances aux autres.

Patient et **attentif**, le Sage écoute attentivement les autres et offre ses conseils avec bienveillance lorsqu'il est sollicité.

L'objectif de cet archétype est de guider les autres vers une meilleure compréhension d'eux-mêmes et du monde qui les entoure.
Sa stratégie, pour atteindre cet objectif est d'acquérir de la connaissance et de réfléchir sur lui-même pour étoffer sa connaissance du monde et aider les autres à grandir, à évoluer et à trouver leur propre vérité.

L'Explorateur.trice

L'Explorateur est un archétype qui incarne la **quête de liberté** et d'**aventure**.

Les personnes animées par cette énergie sont constamment en quête de **nouvelles expériences**, prêtes à suivre de nouveaux chemins pour s'épanouir tant à l'extérieur qu'à l'intérieur d'eux-mêmes.

Certains expriment cette énergie de manière extravertie, en explorant le monde, tandis que d'autres préfèrent une aventure plus intérieure, se lançant dans des quêtes pour se trouver eux-mêmes.

L'Explorateur se moque du jugement des autres et **poursuit ses rêves**, en quête d'émotions fortes et d'aventures.

La sécurité et la routine étouffent cette énergie, car l'Explorateur considère le monde comme une vaste aventure, riche en échanges et en **rencontres**. Il est souvent engagé dans plusieurs projets simultanément, animé par le plaisir d'apprendre et de relever de nouveaux défis.

L'archétype de l'explorateur est associé à un **esprit curieux**, aventurier et **ouvert** d'esprit, cherchant constamment à découvrir de nouveaux horizons et à repousser les limites de l'inconnu.

L'objectif de cet archétype est de <u>vivre une vie authentique et de réaliser son plein potentiel, de repousser les frontières de ce qui est possible pour inspirer les autres par son exemple</u>.
Sa stratégie, pour atteindre cet objectif est d'échapper à la monotonie par l'aventure et la découverte de nouveautés autant que de lui-même.

Rebelle

L'archétype du Rebelle incarne l'**esprit de la rébellion**, de l'**indépendance** et de la **remise en question des normes** établies.

Il anime des individus **audacieux** et **non-conformistes** qui refusent de se plier aux règles et aux conventions sociales.

Les Rebelles apprécient **attirer l'attention** et se sentir **entourés**. Dynamiques et volontaires, ils privilégient l'**action** plutôt que les débats intellectuels et recherchent des **expériences intenses** dans une vie remplie d'aventures et de **sensations fortes**.

Leur indépendance d'esprit les distingue, car ils pensent par eux-mêmes et se libèrent des opinions et des jugements extérieurs.

Le Rebelle est animé par le désir de **changement** et de **libération**. Il s'oppose au *statu quo* pour faire évoluer sa condition et se libérer des contraintes qui lui sont imposés (à lui ou une partie de sa communauté).

C'est un archétype **courageux**, **déterminé** et prêt à prendre des risques pour atteindre ses objectifs.

Cette énergie est présente chez les personnes et les mouvements qui perturbent l'ordre établi, choquent et remettent en question les symboles de ce qui va à l'encontre de leur idéal. C'est une manière de mettre en lumière les failles du monde tel qu'il est et de **proposer des alternatives**.

L'objectif du Rebelle est de <u>renverser et de dénoncer ce qui ne fonctionne pas, au profit d'un idéal qu'il imagine meilleur.</u>
Sa stratégie consiste à perturber l'ordre établi en choquant et en s'attaquant aux symboles de ce qu'ils considèrent comme allant à l'encontre de sa vision d'un monde idéal.

Magicien.ne

L'énergie du Magicien incarne la **puissance** de la **transformation** personnelle et du **pouvoir** créatif.

Les personnes animées par cette énergie sont des **visionnaires** reconnus pour leur **perspicacité**, leurs idées novatrices et leur capacité à proposer des solutions **logiques**.

Ils aspirent à un **idéal** plus grand qu'eux-mêmes et cherchent à faire évoluer le monde en révélant son plein potentiel.

Chaque **Mentors** que tu rencontres dans ton aventure est un Magicien. A l'image de Merlin l'Enchanteur qui permet à Arthur de devenir le Roi" Arthur ou encore, de Morpheus dans Matrix qui montre à Néo comment déployer son potentiel.

Les Magiciens jouent le rôle de **révolutionnaires**, remettant en question les normes établies et cherchant à transformer des concepts pour influencer les courants de pensée. Ils ont un désir profond de partager leurs idées pour **enrichir** les autres et **apporter des changements** positifs.

Contrairement au Sage, qui cherche à comprendre le monde pour trouver sa place et acquérir de la sagesse, le Magicien recherche la connaissance pour gagner en pouvoir et ainsi réaliser son idéal ou son rêve personnel.

L'objectif de ce héros est de <u>comprendre les lois fondamentales de l'univers, d'acquérir du pouvoir par la connaissance afin de réaliser son idéal ou son rêve</u>.
Sa stratégie consiste à mettre sa vie au service de cet idéal en élaborant une vision précise de ce qu'il souhaite accomplir.

Le Héros/ L'Héroïne

Cette énergie inspirante guide de nombreux leaders dans leur mission d'**améliorer** leur vie et la société dans son ensemble.

Le Héros incarne à la fois la **rationalité et l'émotion**, lui permettant de toucher le cœur d'autrui par ce qu'il incarne.

Cet archétype représente le **courage**, la **détermination** et la quête d'**accomplissement** qui incitent chacun à relever ses défis, à **repousser ses limites** et à transformer sa vie.

Le Héros est animé par le désir de **prouver sa valeur** en s'**engageant** dans des missions **honorables** telles que le bénévolat, la lutte contre des problèmes majeurs ou la promotion de causes sociales.

Il est un **compétiteur**, un guerrier moderne qui refuse la défaite et préfère parfois souffrir au combat plutôt que d'abandonner, car il ressent le besoin de prouver sa valeur et a parfois le sentiment d'avoir un **destin** à accomplir.

Ce puissant archétype porte souvent des idées de changement majeur pour le monde et **inspire** les gens à se surpasser.

Le Héros est associé à la **maîtrise de soi**, au courage, à la **rédemption** et à la **force**.

Son objectif est de <u>promouvoir la justice et l'égalité tout en poursuivant la meilleure version de lui-même</u>.
Sa stratégie pour atteindre cet objectif consiste à développer une expertise dans son domaine pour aider les autres, protéger les plus vulnérables et contribuer à "sauver le monde".

L'Amoureux.se

L'Amoureux est un être passionné et **romantique**, profondément **connecté à ses émotions** et à celles des autres. Son désir d'amour et d'**intimité** le pousse à chercher l'unité et l'harmonie avec autrui.

Il accorde une grande valeur aux relations **sincères** et s'engage pleinement dans les **liens émotionnels** qu'il établit.

Sensible et à l'écoute de son cœur, l'Amoureux redoute la solitude et recherche un sentiment d'appartenance, que ce soit au sein d'une relation amoureuse ou d'un groupe.

Il aspire à des relations intimes avec des personnes qui l'attirent à tous les niveaux : physique, émotionnel, spirituel et intellectuel.

Préférant les aspects concrets de la vie aux discussions scientifiques, l'Amoureux se fonde sur les **traditions** et les **règles** établies plutôt que sur des concepts ésotériques.

Il incarne l'archétype de la **passion** et de l'enthousiasme, tourné vers le lien et l'intimité, la **sensualité**, la **vitalité**, la passion et la **fidélité**.

Une fois qu'il se sent aimé et en **harmonie** avec ses relations, l'Amoureux atteint un bonheur profond et épanouissant.

Son objectif est de créer un environnement propice à l'amour et à l'harmonie.
Sa stratégie consiste à cultiver son attrait physique et émotionnel, à séduire et à plaire à autrui en s'investissant émotionnellement dans ses relations.

Comique

L'archétype du Comique incarne une énergie qui nous invite à **profiter pleinement de la vie.**

Les personnes qui se sentent animées par cette énergie sont **généreuses** et s'efforcent de **faire plaisir** aux autres.

Dynamiques et attirés par les feux de la rampe, les comiques aiment être au **centre de l'attention** et se distinguent par leur **sociabilité**, leur **simplicité**, leur sens de l'**humour** et leur **accessibilité**.

Pour ce héros, **le monde est une expérience** à ressentir pleinement. L'attrait pour le spectacle incite les comiques à rechercher constamment de nouvelles sensations, ce qui se reflète à la fois dans leur comportement que leur style **parfois excentrique**.

Grâce à leur **maîtrise émotionnelle**, les comiques ont une facilité à comprendre les émotions des autres, ce qui en fait des individus **sensibles** et **attentionnés**, auprès desquels on apprécie passer du temps.

Aux côtés d'un comique, tout semble plus facile, car il vit pleinement le moment **présent**, dans une approche "*Carpe Diem*". En étant agréable, il comble son **besoin de liens** et suscite l'affection des autres.

L'archétype du Comique est associé à l'amusement, à **l'originalité**, à l'humour, à l'**irrévérence** et à la **conscience** des choses simples et authentiques.

L'objectif du Comique est d'<u>illuminer le monde de sa lumière, de rendre la vie joyeuse et d'amuser les autres</u>. Sa stratégie consiste à s'amuser, à suivre sa joie et à rendre ludique ce qu'il fait pour que chaque journée soit vécue dans la joie.

Statu-Quo (ou le Citoyen, Mr & Mme Tout le monde)

L'énergie du Statu quo est attachée aux **traditions**, aux **règles** et aux **normes**. Elle garantit la **stabilité**, l'**harmonie** et la **cohésion** des groupes en évitant le changement.

Les personnes animées par cette énergie sont **autonomes**, honnêtes et aiment la **simplicité**.

Le Statu quo est associé à des individus **ordinaires, réalistes** et **empathiques**. Ils cherchent à maintenir un équilibre dans leur environnement et aiment préserver son univers et luttant contre le changement.

Cet archétype valorise **l'appartenance** à un groupe et rejette l'indécision.

Il trouve sa joie dans les choses simples et quotidienne de la vie.

Le Statu quo partage certaines similitudes avec l'archétype de l'Innocent, mais se concentre davantage sur les **relations** et la **responsabilité**.

Les personnes animées par cette énergie ont tendance à être **calmes, loyales, travailleuses** et attachées aux traditions au sein de leur communauté.

L'objectif de ce héros est de <u>trouver sa place au sein d'un groupe qui lui ressemble</u>.
Sa stratégie consiste à rester réaliste et à mettre en avant des qualités auxquelles les autres peuvent s'identifier.

L'Ange-Gardien.n (parfois appelé le Sauveur.euse)

L'Ange-Gardien est une personne **altruiste** qui ressent une mission de **protection** envers les autres.

Il se voit parfois comme un **protecteur**, prêt à venir en **aide** à ceux qui en ont besoin et à offrir son **soutien inconditionnel**.

Il souhaite **assurer la sécurité et le bien-être de son entourage**, et il est ouvert au changement pour garantir cela.

L'Ange-Gardien est naturellement **social** et fait preuve de **fiabilité**, ce qui en fait un pilier pour les autres.

Sa capacité à aider et à prendre soin des autres le rend **responsable, humble** et **digne de confiance**.

Pour accomplir sa mission d'aide et de protection, l'Ange-Gardien a besoin de stabilité et exerce un **pouvoir bienveillant** sur les autres. Il cherche à créer un monde meilleur où l'attention envers autrui et le bonheur sont primordiaux.

Doté d'**empathie**, de **générosité** et de **compassion**, l'Ange-Gardien doit parfois apprendre à dire non pour éviter d'être exploité ou de s'enfermer dans un rôle de sauveur qui permet à d'autres de se victimiser. Il doit établir des limites claires pour ne pas se faire abuser et continuer d'aider de manière saine et équilibrée.

C'est l'archétype de ceux qui sont au **service** des autres et de leur bonheur.

L'objectif de ce héros est d'<u>aider les autres</u>. Sa stratégie consiste à agir pour les autres en accomplissant des actes dignes de ses responsabilités.

Meneur.euse

L'énergie du Meneur anime des personnes **déterminées** et **charismatiques**, capables de **rassembler** autour de leurs objectifs.

Stratège, il excelle dans l'élaboration de plans précis pour atteindre sa vision en valorisant l'**alignement** avec ses **convictions**.

Sa **franchise** et sa détermination peuvent parfois être perçues comme de la froideur, mais elles reflètent simplement sa stature et son **sens des responsabilités** envers sa famille et sa communauté.

Le Meneur apprécie ceux qui sont capables de se défendre physiquement et intellectuellement et sait valoriser les qualités de chacun pour **favoriser la réussite collective.**

Il recherche la **réussite** personnelle et professionnelle à travers le **pouvoir** et le **contrôle**, afin de garantir sa **prospérité** matérielle, la **stabilité**, **l'ordre** et le **succès**.

En tant que modèle ou mentor, le Meneur **inspire** les autres par son histoire, son énergie et les avantages qu'il apporte.

Son objectif est d'assurer la prospérité de sa famille et de sa communauté, en utilisant son pouvoir de leadership pour réaliser sa vision du monde de manière réaliste et structurée.
Sa stratégie consiste à acquérir, affirmer et exercer son pouvoir de leadership pour y parvenir.

Créateur.trice

Le Créateur est un **artiste** qui apporte richesse et valeur à travers ses **créations**.

Il est attiré par ceux qui **rêvent** en couleurs, embrassent l'aventure et portent l'innovation.

Par sa créativité, il vise à se **connecter** avec les autres et à **intégrer des projets novateurs** qui font **progresser** le monde.

Cette énergie laisse s'exprimer **l'enfant** qui sommeille en chacun de nous, conférant une **spontanéité** imprévue qui les rend à la fois **sociables** et appréciés pour leur côté **non-conventionnel**.

Ils sont **connectés à leurs émotions, sensibles** aux autres et prennent plaisir à **comprendre** les motivations de chacun pour trouver leur propre place dans le monde.

Le Créateur peut parfois se sentir **décalé** dans son environnement et a besoin de trouver un lieu où il se sentira **libre d'être lui-même et de créer**.

Une fois cet endroit trouvé, il peut **produire** des trésors qui le hissent au rang des grands artistes.

Cet archétype incarne l'**innovation**, la **créativité**, l'**imagination** et la **non-conformité**.

L'objectif de ce héros est d'accomplir sa vision en donnant vie à ses rêves. Sa stratégie consiste à développer ses compétences créatrices et à gagner sa liberté artistique pour matérialiser son monde intérieur.

***

Ton entreprise elle-même est animée de plusieurs archétypes en fonction de sa mission.

On ne rentrera pas dans le détail ici, car nous pourrions faire un second livre uniquement sur le sujet. (Tu trouveras tout de même quelques exemples appliqués aux grandes marques dans l'annexe : **https://niveausup.fr/odyssee-entrepreneuriale-ressources/**

Partant du principe que tu es un Solo-preneur, il suffira d'utiliser ces principes pour incarner le Branding de ton entreprise en l'alignant à ta personnalité, tes valeurs et ta mission.

Cela te permettra de développer une communication et un marketing plus efficaces, en créant des messages qui résonnent avec tes clients cible.

C'est ce que nous ferons au chapitre trois !

Missions de vie selon l'énergie archétypale

Consciemment ou inconsciemment, chacun prend un billet pour une destination que l'ensemble de ses décisions déterminent.

Voici un petit bonus pour te faire réfléchir à ta mission en tant qu'entrepreneur. Comme tu l'as peut être remarqué sur le schéma d'évaluation de tes archétypes, chacun est animé d'une mission de vie.

Cela signifie qu'inconsciemment, leurs expressions et manifestations vont influencer tes désirs. (On te parle de comprendre comment ton psychisme conditionne l'ensemble de tes besoins. **C'est juste trop puissant !**).

Voici un extrait de mon ouvrage "*Les 5 Actes de la Vie*" qui aide chacun à faire en une lecture un travail de développement personnel de plusieurs années. Il te permettra de cerner la finalité que vise à accomplir chacun de ces héros qui t'influencent autant qu'ils t'aident au quotidien :

Les missions archétypales sont au nombre de quatre et représentent des finalités universelles poursuivies par plus ou moins l'ensemble de l'humanité.

❖　Les personnes animées par l'énergie de **l'Innocent**, du **Sage** ou de **l'Explorateur** recherchent à : **Vivre en paix/ Gagner leur place au paradis.**

Chacun ayant sa vision de ce qu'est son paradis, il n'y a aucune connotation religieuse dans cette mission, même s'il peut s'agir d'une quête spirituelle (une quête de sens). Une personne qui souhaite construire sa famille, avoir deux enfants et un chien représente un paradis personnel autant que quelqu'un qui ambitionne d'être nomade et de faire le tour du monde grâce à son activité en ligne.

L'Innocent essaie de trouver sa paix en poursuivant la *sécurité* (morale, affective, financière ou autre), le Sage par la *compréhension* de lui-même et de son environnement, l'Explorateur par la *liberté* que lui offrira son "paradis".

❖ Les personnes animées par l'énergie du **Rebelle**, du **Magicien** ou du **Héros** recherchent à : **Marquer leur passage.**

Ces archétypes orientent souvent leur vie en fonction d'une quête de convictions et cherchent à graver leur nom dans la vie de leurs semblables, afin d'acquérir la certitude d'avoir été utiles et accomplis. Ils sont généralement animés du désir d'apporter un plus à l'humanité avant de disparaître.

Le Rebelle tente de marquer son passage par la *libération* du regard des autres, de sa condition sociale et sa liberté d'entreprendre ce que peu de gens auraient l'audace de faire. Cela lui permet de devenir quelqu'un auprès de ses proches et de lui ouvrir les portes vers ce qu'il souhaite atteindre. Le Magicien marque son passage par l'acquisition d'un *pouvoir* qui lui permettra de réaliser la vision pour laquelle il dévoue sa vie. Et le Héros, par la *maîtrise* des éléments de son environnement.

❖ Les personnes animées par l'énergie de l'**Amoureux**, du **Comique**, ou du **Statu quo** recherchent à : **Se sentir connectées aux autres.**

Ces individus souhaitent évoluer dans un groupe qui leur permet de se sentir bien avec eux-mêmes. Il s'agit de gens simples qui font en sorte d'aider les autres à trouver une place au sein d'un groupe et à partager l'aventure qu'est la vie en étant bien à leurs côtés.

L'Amoureux essaie de se connecter aux autres en créant des relations d'*intimité* avec eux ; le Comique en les *amusant et en rendant la vie agréable,* et le Statu quo en leur permettant d'*appartenir* à son univers en s'identifiant à lui et ses valeurs

.

❖ Les personnes animées par l'énergie de l'**Ange-Gardien**, du **Meneur** ou du **Créateur** recherchent à : **Structurer le monde.**

Ces héros ont à cœur de faire évoluer la société, de l'améliorer et de participer à la création d'un nouveau monde. Cela s'illustre par l'implication de ces personnes et de leur dévouement à aider autrui à trouver leur place dans l'univers et à façonner ce dernier.

L'Ange-Gardien tente de structurer le monde en se mettant au *service* des autres ou d'une cause ; le Meneur, en acquérant du *contrôle* pour diriger l'attention et l'énergie de ses compères vers un objectif bien précis, et le Créateur, en mettant sa créativité au service de *l'innovation* dont le monde a besoin pour avancer.

À toi de méditer sur ces missions et de nourrir la Vision que tu as décrite dans le premier chapitre.

Pour l'heure, il est temps de passer au **Jeu** qui te tend les bras : devenir héroïquement toi pour accomplir tes challenges et **plier le Game de l'entrepreneuriat !**

3- Le jeu qui fait de ton Business une épopée héroïque

« L'Homme le plus libre est celui qui dépasse le sérieux de la vie pour comprendre que celle-ci n'est qu'un vaste jeu alimentée par une multitude de je »

Et si la clé de ton succès résidait dans le **"jeu"** auquel tu choisis de participer ?

À notre époque, les options de jeux sont aussi nombreuses que les conseils pour réussir dans le monde de l'entrepreneuriat. Chacun y va de son opinion mais la réalité, c'est que **ce qui fonctionne pour l'un ne fonctionne pas nécessairement pour l'autre.**

Pour trouver le **"jeu"** qui te convient, il est essentiel de partir du bon **"Je"** !

C'est là, le secret d'un business héroïque : sa réussite dépend à 75 % de **qui tu es** : <u>ta philosophie, tes croyances, tes valeurs et ta personnalité</u>. Les 25 % restants se résument à des **actions alignées à ta personnalité.**

Et c'est pour cette raison que certains prennent des coachs mais n'ont pas de résultats ou sont déçus. Car ils appliquent des méthodes généralistes alors qu'à chaque humain atypique, une stratégie qui lui ressemble.

Dans ce chapitre, nous verrons l'importance de faire appel aux bons archétypes et d'être en accord avec ta véritable nature. Cela te permettra de créer les bonnes connexions avec tes clients et favorisera autant ton épanouissement que la croissance de ton entreprise.

Prépare-toi à découvrir comment être plus authentique, à dévoiler ton véritable "**Je**" et à vivre en harmonie avec tes objectifs.

Ensemble, nous allons explorer comment te connecter à ton identité entrepreneuriale et **créer une synergie puissante entre qui tu es et ce que tu désires accomplir**.

Actions alignées

Dans notre société de consommation moderne, nous sommes constamment bombardés de messages et d'incitations à acheter, à réussir et à atteindre un certain niveau de succès matériel.

L'omniprésence de la publicité, des médias sociaux et des normes sociales crée souvent une pression pour suivre des modèles préétablis de réussite et de bonheur.

Nous sommes incités à consommer davantage, à nous conformer à des attentes extérieures et à poursuivre des objectifs qui ne correspondent pas nécessairement à nos valeurs profondes.

Cette pression constante de la société de consommation peut nous conduire à un désalignement intérieur en nous éloignant de nos passions, de nos valeurs et de notre véritable identité.

Ainsi, au lieu de vivre selon nos propres aspirations et nos propres définitions du bonheur, nous cherchons à combler un vide par des biens matériels et des réalisations extérieures.

Ces influences extérieures peuvent nous éloigner de qui nous sommes réellement et de ce qui est vraiment important pour nous en faisant naître **des besoins qui ne sont pas les nôtres**.

Et rappelle-toi, derrière chaque besoin se cache un archétype qui influence ta perception du monde et l'expression de ta personnalité.

Tu pourrais te demander : **est-ce que ce que tu désires est réellement ce que tu désires, toi ?** Ou, ambitionnes-tu le succès préconçu d'un autre ?

Dans le fond, l'unique "jeu" que nous te proposons est d'**être un peu plus qui tu es** vraiment et ce que tu ambitionnes de devenir demain, dès aujourd'hui ! **Nous souhaitons que ton futur te conditionne dans le présent** pour que tu aies l'expérience d'une réalité où ce que tu souhaites est déjà là !

Ainsi, nous conditionnons ton subconscient à accepter ton succès.

Dans un accompagnement, nous aidons une personne à aligner jusqu'à son inconscient, car ce dernier abrite 95 % de ton potentiel. Si ton subconscient n'est pas en accord avec l'idée que tu te fais, alors il te mettra des bâtons dans les roues et sera sans aucun doute responsable de la majorité de tes échecs sans même que tu ne le sache... #auto sabotage

Généralement, quand ton subconscient n'est pas aligné avec ce que tu fais, tes actions sont lourdes, elles prennent du temps et te demandent beaucoup d'énergie. Tu pourrais avoir l'impression d'être animé de cette fameuse "flemme" et, c'est OK ! L'humain aime naturellement la constance du quotidien et l'oisiveté. **Ton subconscient aime la sécurité** et va cacher ta peur de l'action et du changement derrière tout un tas d'excuses pour te protéger.

Il n'y a rien d'autre. D'un côté, l'amour qui t'expand car tu es en confiance, et de l'autre, la peur qui te trouve des excuses pour rester à ta place et te préserver du changement.

Tous tes blocages, tes croyances limitantes voire ton auto-sabotage sont liés à l'inconscient ! Lorsque ton subconscient est en accord et aligné avec ton esprit conscient, alors tu le sens dans ton corps. Comme un élan, une "ouverture du cœur", une envie d'expansion tout en étant léger et accessible.

Une façon simple de trouver des actions en accord avec toi est d'identifier comment incarner tes valeurs à travers des actions concrètes, autant dans ta vie de tous les jours que dans ton entreprise, car les deux s'alimentent.

Voici d'ailleurs un exercice puissant : **Reprends tes valeurs profondes puis, liste 36 idées d'activités et d'actions pour les honorer !** (C'est l'un des exercices qui nous a le plus permis de faire croître notre entreprise).
Pour rappel, tu trouveras ton support ici :
https://niveausup.fr/odyssee-entrepreneuriale-ressources/

***

Une fois ces actions alignées trouvés, il ne te reste plus qu'à les incarner. C'est simple hein ? Et, tu le sais !

Et, on sait aussi que beaucoup ne le feront pas car, on a tous parfois besoin d'un pied au cul pour se mettre en marche ! Et, c'est là qu'intervient le rôle de certains coachs !

*** Allons plus loin dans cette idée d'alignement ! ***

Aimes-tu cette idée que, **"ce que tu cherches, te cherches aussi"** ?

La réalité, c'est que <u>tes objectifs futurs ne cherchent pas la personne que tu es aujourd'hui</u>. **Ils cherchent la personne que tu seras demain** (dans un futur qui peut être très proche).

Donc, en incarnant ton "toi du futur" dès aujourd'hui, tu fais de ton avenir une réalité qui aligne ton comportement et ton identité avec ce que tu cherches « dans le présent » ! Mieux que Marty McFly dans *Retour vers le futur* et sans Delorean ☺

Avant d'aller plus loin, IMAGINE que tu es le "toi dans 5 ans" et demande-toi :

➢ Quels objectifs poursuit ton Moi du futur ?
➢ Quels archétypes/ héros animent ton Moi du futur ?
➢ Quelles valeurs essentielles possède ton Moi du futur et comment les incarne-t-il au quotidien ?
➢ Quelles compétences et qualités possède ton Moi du futur ?
➢ Quel est son niveau de confiance et comment l'a-t-il développé ?
➢ Comment se tient-il ?
➢ Comment parle-t-il ?
➢ Quelle est sa routine ?
➢ Dans quel environnement vit-il ?
➢ Comment a-t-il fait les rencontres décisives de sa vie ?

Ces questions sont celles que nous pourrions utiliser dans un Parrainage Identitaire pour connecter un client à sa personnalité futur avant de l'aider à l'incarner dans le présent.

Demande-toi quels héros intérieurs animent ce toi du futur.

Une fois les réponses en tête, partons explorer ce que chacun de tes 12 héros intérieurs ont à t'apporter afin de te mettre sur la voie de ceux qui vont t'aider à faire grossir ton business, à trouver ta place, à t'affirmer, etc…

Il y a un héros à l'intérieur de toi pour chacune de tes problématiques 😊

Le jeu par le "je"

Dans tout bon jeu, tu as parfois l'opportunité de **créer ton avatar**.

Tu peux façonner à la fois les caractéristiques physiques et mentales du héros en choisissant l'histoire que tu souhaites expérimenter à travers lui.

La vraie vie et les jeux ont cela en commun que **c'est toi qui joues le héros de l'histoire**.

Dans la vie, la seule différence, c'est que le scénariste, le producteur et le héros sont une seule et même personne : TOI.

Hélas, le problème que tout entrepreneur pourrait rencontrer devant l'ampleur de sa responsabilité quant à son succès serait la peur de ne pas être assez.

La vie étant une suite de challenges, es-tu suffisamment aguerri pour les surmonter ? Et, même si tu l'es, franchiras-tu la barrière de la peur ?

Sans doute as-tu déjà lu que, *la peur tue plus de rêves que l'échec ne le fera jamais*.

Nous allons aller plus loin dans l'utilisation de tes archétypes, car ces derniers peuvent te permettre d'**accepter la peur comme le moteur de ton succès**. Mais surtout, nous allons revenir sur tes archétypes pour être certain que tu utilises les bonnes ressources en toi !

Comme j'aime le dire, **une peur conscientisée est à moitié affrontée !**

Chaque archétype abrite autant d'opportunités pour tendre à ton épanouissement qu'il alimente certaines peurs pour te protéger.

Imagine…

Tu t'aperçois que l'Innocent est fortement développé chez toi. Derrière son besoin d'être en sécurité, ce dernier risque de **te rendre dépendant** d'un facteur extérieur pour assurer cette même sécurité : un second travail, un environnement familial et stable, etc…

Dans cette dépendance, se cache potentiellement la peur de manquer, d'être jugé, de ne plus être accepté par son milieu de référence, de perdre de l'argent, etc.

Dans l'excès, l'Innocent peut faire foirer tes rêves les plus fous par peur de l'insécurité. Et c'est OK !

Cet archétype est notre enfant intérieur et nous avons tous été animés par lui de manière dominante durant les premières années de notre vie.

Aujourd'hui, peut-être est-il venu le temps te connecter à une autre potentialité déjà **en toi !**

C'est là qu'intervient la notion de "parrainage".

Imagine ton Magicien (ou ta Magicienne[5]) intérieur t'offrir suffisamment de pouvoir sur ta vie pour te permettre de te sécuriser intérieurement ?

Imagine ton Meneur intérieur t'offrir une impression de contrôle suffisant pour t'ouvrir les voies d'un nouveau passage à l'action ?

Le challenge de ce jeu est de CHOISIR le héros qui va te porter selon les défis qui s'offrent à toi. Et c'est là, la puissance de cet outil ! Tu peux littéralement **devenir ce que tu souhaites !**

Et, c'est le moment où je dois t'introduire un concept clé de ton succès et utilisé par les plus grands coachs : la Modélisation.

---

[5] On ne va pas la jouer écriture inclusive par souci de lisibilité mais, **Mesdames, le cœur y est <3 !**

La modélisation

En Programmation Neuro-Linguistique (PNL), la modélisation est un processus qui consiste à étudier et à comprendre les compétences, les comportements et les modèles de pensées efficaces d'une personne (ou d'un groupe de personnes) dans un domaine particulier.

L'objectif est de découvrir les stratégies et les modèles mentaux utilisés par ces personnes afin de **les reproduire et de les appliquer** à nos propres contextes.

La modélisation de notre comportement par le biais d'une énergie archétypale te permettra d'améliorer la perception que tu as de toi pour, par exemple, dépasser le syndrome de l'imposteur grâce au Magicien, au Héros ou au Meneur. D'aller vers l'autre avec le Comique et l'Amoureux ou encore, de vaincre le manque de confiance avec le Héros, le Sage, etc. A chaque situation, son héros (sa partie de toi).

Allons encore plus loin ! Alors que la plupart des gens se définissent par leur profession et des attributs extérieurs qu'ils ne maîtrisent pas, **tu vas développer des repères intérieurs** et <u>te penser à travers le mythe d'un héros</u> !

Passant d'un « archétype social » que la société te fait porter (à l'image d'un métier ou d'une fonction) à un « archétype mythique et personnel ».

- Tu n'es pas qu'un entrepreneur, tu es un Héros ; un Meneur (ou celui qui te convient selon ton activité).
- Tu n'es pas une Coach, tu es une Magicienne ; une Héroïne.
- Tu n'es pas qu'un thérapeute, tu as cet amour (Amoureux) qui permet de connecter profondément avec l'âme des gens.
- Tu n'es pas qu'une personne dans son univers avec des rêves pleins la tête, tu es une Créatrice qui façonne le monde de demain avec ce que tu es venue offrir au monde…

La modélisation permet à l'archétype de **transcender qui tu es** et de dépasser ta condition sociale pour **construire un véritable mythe** autour de toi !

Ce parrainage, c'est comme trouver un "sponsor" pour ton aventure épique dans l'entrepreneuriat.

Imagine,

Jusqu'où serait allé Frodon (Le Seigneur des Anneaux[6]) sans la compagnie de Sam Gamegie et les conseils de Gandalf ?

Frodon, naturellement animé de l'archétype de l'Innocent a eu besoin de héros pour **sponsoriser** son aventure :

❖ Sam Gamegie : l'aide du Statu-Quo
❖ Gandalf : l'aide du Magicien
❖ Aragorn : l'aide du Héros autant que du Meneur…

Allons plus loin !

Que serait Harry Potter sans Hermione (Sage) et Ron (Statu-Quo) ? Qu'aurait-il fait sans les conseils d'Albus Dumbeldore (Sage et Magicien) ? Comment Luke Skywalker serait devenu un maître Jedi sans les enseignements d'Obiwan (Magicien et Sage) ? Mooglie sans Baloo (Magicien et Comique) et Bagheera (Ange-Gardien et Sage) ? Simba sans Rafiki (Magicien), Timon & Pumba (Statu Quo, Amoureux et Comique) ? Néo sans Morpheus (Magicien) …

Bref, que seraient les héros sans leurs acolytes, leurs gardiens et ceux qui "**sponsorisent**" leurs aventures ?

Déterminer, qui sont les "gardiens" et les acolytes qui t'aideront à devenir pleinement toi-même est l'objectif de ce chapitre !

A ton avis, pourquoi certains entrepreneurs t'inspirent énormément alors que d'autres, pas du tout ?

---

[6] Si t'as pas la réf, ça craint !

Tu projettes sur eux, des héros que tu as en toi et aimerais simplement voir s'affirmer davantage.

En fait, le monde extérieur est le reflet de ton monde intérieur et **d'un certain point de vue, chacun de ces humains inspirants représentent une partie de toi.** Tout ce que tu vois chez les autres reflète ce que tu portes en toi !

Tu vois chez certains un leader, un Ange-Gardien, etc... En réalité, tout cela n'est qu'un miroir de ce tu abrites en toi. Et avec cette conscience, tu pourrais voir en eux, bien plus qu'une étiquette et davantage, des gens qui comme toi, font de leur mieux pour atteindre un objectif à travers ce qu'ils entreprennent et exprime certaines parties d'eux-mêmes en ce sens.

Identifier les héros qui peuvent t'aider va soutenir ton voyage, te permettre d'acquérir de nouvelles connaissances et de révéler les ressources que tu possèdes d'ores et déjà. Car **chacun d'eux n'est qu'une partie de toi !**

En créant une relation entre ton identité profonde et un ou plusieurs archétypes en particulier, plusieurs choses se produiront !

Imagine un entrepreneur lambda qui n'arrive pas à développer son activité comme il le souhaite ou rencontre ribambelle d'obstacles. Il sait qu'il veut vivre de son activité, mais le problème, c'est qu'il n'est pas habité par sa mission, ses valeurs et en bref, le problème est qu'il n'inspire rien d'héroïque...

Pourtant, inconsciemment, plusieurs archétypes l'animent forcément, mais consciemment, il ne les entend pas !

Sans doute, trop de choses polluent son esprit et le privent d'opportunités car il est simplement **déconnecté et inanimé de ses désirs profonds !**

Il n'a aucune relation avec son monde archétypal !

Cet entrepreneur n'a pas encore pris conscience de son potentiel héroïque et n'a pas encore exploré les différentes facettes de son être intérieur. Il se trouve dans une sorte de "**sommeil**" par rapport à ses archétypes, ce qui peut le priver d'opportunités et limiter son succès.

Une image valant 1000 mots, voilà ce qu'il se produit :

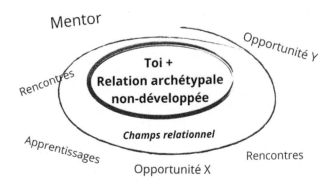

Dans ce scénario, puisque tu n'as pas établi de relations entre ce que désire être et ce que tu fais à travers un ou plusieurs archétypes, tu restreins ton champ de rencontres. L'énergie du héros qui t'aiderait ne circule pas en toi et ne s'incarne pas dans tes actions et pire, n'anime pas ton identité. Ce qui ne conditionne pas ton inconscient à recevoir les informations autour de toi qui seraient en lien avec tes réels désirs.

En créant une relation avec les archétypes qui résonnent le plus en nous, nous ouvrons nos perceptions et entendons mieux les opportunités qui se présentent à nous.

En développant cette conscience de notre monde archétypal, notre subconscient lui-même est aligné à notre mission et nos valeurs profondes, ce qui ouvre la porte des synchronicités, des rencontres inattendues, des opportunités, etc. C'est la voie qui t'ouvre à **quelque chose de magique** qui te donne cette vague impression que Paulo Coelho disait vrai dans son livre l'Alchimiste : *"Quand on veut une chose, **tout l'Univers conspire** à nous permettre de réaliser notre rêve."*

La vérité, c'est que **ta réalité s'aligne à ce que tu es**. En faisant appel à un héros consciemment, c'est ta vision de la vie et de toi-même qui s'en voit transformé et l'univers qui se mets à t'offrir son lot de surprise.

En intégrant consciemment l'énergie d'un archétype, voici ce qu'il se produit :

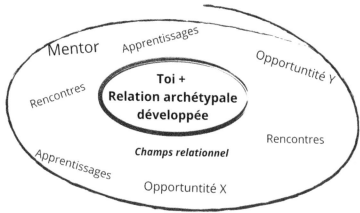

Grâce à cette connexion avec plusieurs archétypes, tu ouvres un univers de potentialité dans lequel t'attendent plusieurs choses en lien avec l'énergie de ces derniers. C'est ce que l'on nomme : le Champs relationnel. Un espace où tout ce que tu désires est une potentialité qui, si elle est arrosée de la bonne façon, peut fleurir.

Notions importantes sur l'énergie archétypale...

Comprends que **tu n'es pas ton archétype !!!** Chaque archétype est une énergie issue de ta psyché pour soutenir ton existence et tes ressources dans l'aventure de ta vie. C'est pour cette raison que tu sentiras la présence d'un archétype dans la vie d'un individu essentiellement lorsque sa vie le pousse à évoluer, ou le confronte à une situation nouvelle.

Le principe est de soutenir ton aventure d'une dynamique positive. Comme un acteur a besoin de connaître les caractéristiques de son personnage pour donner vie à une pièce de théâtre, ces archétypes doivent te guider vers tes propres ressources et à travers ta propre construction identitaire.

Tu es l'acteur du voyage : libre à toi d'user de ces énergies à ta guise.

Tu pourrais commencer ton voyage avec l'énergie d'un Explorateur puis, le finir avec l'énergie d'un Créateur avant de comprendre que **tu es le cœur de la cible** et que **le plus important dans ce jeu, c'est de devenir toi-même** ! Te révéler entièrement et incarner pleinement qui tu es au-delà de ces héros, qui dans le fond, ne sont que des aides pour te développer personnellement ;)

Et maintenant, que faire ?

Tu es libre de t'interroger et d'identifier un, deux ou trois héros maximums qui te permettraient d'incarner davantage ton message et les offres que tu proposes pour "matcher" avec tes clients.

Puis, il suffira de "modéliser" le comportement de ces derniers à travers les bons challenges pour t'aider à devenir la personne que tu souhaites : **le Toi qui, dans le champ de possibilités, est capable voire, a déjà atteint tes objectifs** ;)

Voici un exemple de mon propre test et ce que je modélise à l'instant T pour me rapprocher davantage de mes propres objectifs :

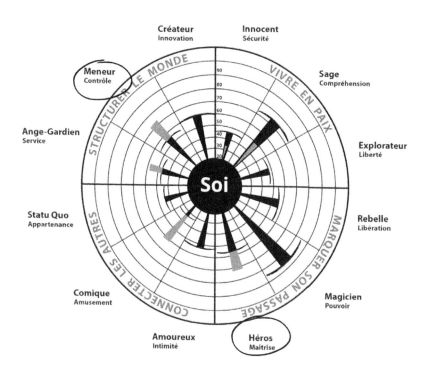

Dans mon parcours, le **Sage** m'a permis d'intégrer en deux ans, l'essentiel du savoir nécessaire à mon expertise, sans perdre de temps dans des études généralistes.

Dans le même temps, une fois ces connaissances en tête, le **Magicien** m'a permis de conceptualiser les méthodes sur lesquelles repose aujourd'hui mon entreprise, d'écrire 5 livres en deux ans, d'obtenir des emplois pour lesquels je n'avais pas les bons diplômes, etc.

Étant un archétype de transformation et mon héros dominant, aujourd'hui, je transforme autant l'orientation scolaire et professionnelle que le développement personnel en général grâce notamment, au PI/EA. Le Magicien est le mythe qui m'anime car mes clients viennent me voir pour une transformation.

Cependant, je n'ai plus besoin du Sage qui, à excès, pourrait me donner des aires d'ermite dans sa grotte. Au contraire, j'ai le souhait de propager davantage mes méthodes en m'ouvrant au monde. Dans mon chemin de développement personnel, je sollicite d'autres énergies pour croître comme je le souhaite. Le Héros m'aide à incarner mon message et le Meneur me permet de gagner en structure pour former et accompagner toujours plus de professionnels de l'accompagnement et du coaching.

Je note aussi un gros besoin de prendre du plaisir et de m'amuser davantage en connectant au Comique et à l'Amoureux.

Ce choix permet alors de m'incarner consciemment, différemment à travers des actions alignées à ces profils et de tendre plus facilement vers mes objectifs. (Tu vas identifier tes actions alignées dans le chapitre suivant).

(Bonus, dans l'annexe disponible ici, **https://niveausup.fr/odyssee-entrepreneuriale-ressources/** nous te partagerons des exemples vidéo de divers héros du cinéma pour constater l'évolution de leurs archétypes tout au long de leur carrière).

A toi de noter les entrepreneurs ou les personnes qui t'inspirent ainsi que les héros qui, selon toi, te permettront d'accentuer ton succès et de modéliser une partie de leur personnalité **à ta façon !**

Pour t'aider, voici un rapide descriptif de ce que permet d'accomplir chacun des archétypes.

Conseil Business Héroïque : Car on consomme sur le vide perçu dans notre propre vie, **un client va acheter ton produit pour combler un vide chez lui.** <u>Tu trouveras une façon idéale d'inviter tes clients à te rejoindre **en incarnant consciemment la partie de lui dont il a besoin et qu'il imagine trouver chez toi.**</u>

Nous sommes tous le reflet des uns et des autres, génial non ?

Ce que chacun de tes héros intérieurs peut t'apporter

Pour comprendre l'apport de chacun des archétypes, je vais te partager :

- **Ce que chaque archétype peut t'apporter** si tu décides de modéliser et d'incarner davantage cette partie de toi,
- **Comment cultiver son énergie**,
- Puisque tes clients vont t'acheter pour ton énergie et cette partie de toi qu'ils cherchent à nourrir chez eux, **sur quoi communiquer**,
- **Et,** car chaque archétype possède sa lumière et ses ombres, **une mise en garde**, histoire de ne pas tomber du côté obscur de la force.

Découvre et, laisse-toi immerger par l'univers des héros qui pourraient le plus t'apporter 😊

***

En embrassant l'énergie de l'Innocent :

Tu gagnes une perspective plus légère et joyeuse de la vie. Tu apprends à voir le monde avec des yeux émerveillés et à trouver de la beauté dans les choses simples en te **reconnectant à ton enfant intérieur** et en redécouvrant la magie et l'innocence de la vie.

Elle t'offre un **gain de joie**, d'**optimisme**, d'**authenticité** et de **connexion** avec toi-même et le monde, tout en apportant une sensation de sérénité et l'impression que *tout est parfait*.

Pour cultiver cette énergie : reste **intègre** à tes valeurs et cultive des relations authentiques. **Ne juge pas** autrui et **libère-toi des jugements** des autres. Rappelle-toi que **tu es Un** avec le monde et que toute critique qu'émet une personne sur toi est avant tout une critique qu'elle fait à elle-même, puisque, dans ce monde, tout le monde est le miroir de tout le monde. Cultive la **positivité**, reste **ouvert** aux opportunités infinies que la vie pourrait t'offrir et **ne passe pas une journée sans t'émerveiller !**

<u>Si tes clients sont en quête de cette partie d'eux-mêmes</u>, pour connecter avec eux : rappelle-leur que la vie est belle quand elle est simple. Parle de tes valeurs et de ton expérience joyeuse de la vie tout en montrant à quel point ce que tu proposes est éthique, beau et pure.

<u>Mise en garde</u> : Cette partie de nous, à l'excès, pourrait nous enfermer dans une conception illusoire du monde et rejeter une partie de la réalité ; véhiculer un comportement enfantin autant dans notre sensibilité que dans les crises que l'on pourrait rencontrer. Par le besoin de sécurité, il peut également créer une forme de dépendance à ce qui garantit celle-ci.

***

En embrassant l'énergie du <u>Sage</u> :

Tu gagnes une profonde sagesse intérieure et une **clarté** mentale qui te permettent de voir au-delà des apparences. Il devient facile de prendre du recul et d'analyser les situations de la vie.

Le Sage permet d'être **inspiré** par la juste voie et de **guider** les autres grâce à ses réflexions éclairées sur le sens de la vie et les défis qu'elle offre. Grâce à cette énergie, tu développes un esprit **calme** et équilibré, capable de prendre du recul et de faire face à toute situation avec sérénité. Il te permet également d'intégrer un grand nombre de nouvelles **connaissances** en peu de temps.

<u>Pour cultiver cette énergie :</u> prends le temps de **méditer** et de te connecter à ton **intériorité**. Accorde-toi des moments de **silence** et d'**observation** pour approfondir ta compréhension du monde et de toi-même. **Élargis tes horizons** en lisant des ouvrages enrichissants et en t'ouvrant à de **nouvelles connaissances**. Sois **curieux** et pose-toi des **questions** sur les mystères de la vie.

Apprends à écouter les autres, en étant pleinement **présent** et en accordant de l'importance à leurs paroles. **Partage tes réflexions** et tes connaissances avec bienveillance. **Cherche** "la Vérité" tout en restant ouvert d'esprit et en comprenant que celle-ci dépend de la culture de tout un chacun et que la vie est ton plus grand mentor.

Si tes clients sont en quête de cette partie d'eux-mêmes, pour connecter avec eux : partage tes connaissances, tes lectures, tes apprentissages, tes réflexions et ta sagesse. Sans forcément jouer un rôle d'enseignant, tu peux aussi varier les façons de partager tes connaissances. Apprendre ne doit pas être chiant. Une autre partie de toi peut aussi apporter une dimension fun à ce que tu partages. Encore une fois, **partage à ta façon !**

Mise en garde : à excès ; cette énergie pourrait nous déconnecter de la réalité en te plaçant trop dans la tête et pas assez dans le cœur. Elle peut mener à la frustration en cas de méconnaissance d'un sujet ; te pousser à affirmer ta vérité personnelle comme étant une vérité universelle (dogmatisme) ; te transformer en Ermite ou te donner la sensation d'être au-dessus des autres pas tes connaissances.

***

En embrassant l'énergie de l'Explorateur :

Tu gagnes en **courage**, en **soif d'aventures** et de découvertes. L'Explorateur nous apprend à observer le monde avec un **regard neuf**, à poser des questions et à remettre en question les normes pour **s'ouvrir à de nouveaux horizons**. Grâce à lui, tu te connectes à ton essence la plus **authentique**, libre d'explorer de nouvelles contrées tant à l'extérieur qu'à l'intérieur de toi-même pour trouver un sentiment de **liberté** profond et une **connexion** avec le monde et ses merveilles.

Cette énergie te confère un esprit **indépendant** et **audacieux**, capable de relever des défis avec détermination et courage.

Pour cultiver cette énergie : **sort de ta zone de confort** et **ose** aller au-delà de tes limites habituelles. Prends des risques calculés et fais preuve de curiosité envers l'inconnu. **Voyage** physiquement ou spirituellement, que ce soit en explorant des pays étrangers, en rencontrant de nouvelles cultures ou en te plongeant dans des domaines d'études inexplorés.

Reste ouvert aux opportunités qui se présentent sur ton chemin et saisis-les avec enthousiasme. Tu as vu le film "YesMan" avec

Jim Carrey ? Apprends à dire "oui" avec **Joie** pour voir où cela te mène. **Montre-toi flexible** et adaptable face aux changements, car l'exploration est souvent faite d'ajustements et de nouvelles découvertes. **Écoute ton instinct** et **fais confiance à ton intuition** pour te guider vers de nouvelles expériences enrichissantes.

<u>Si tes clients sont en quête de cette partie d'eux-mêmes</u>, pour connecter avec eux : partage tes aventures et tes apprentissages avec les autres, en inspirant ceux qui cherchent également à s'épanouir à travers l'exploration. Encourage autrui à embrasser leur propre esprit d'aventure et à sortir des sentiers battus.

<u>Mise en garde</u> : Cette partie de nous, à l'excès, risque de ne jamais t'offrir de port d'attache ; d'être trop en quête de liberté pour réussir à te canaliser ou d'avoir une ambition insatiable… Comme Orelsan a pu le dire *"au fond, j'crois que la terre est ronde pour une seule bonne raison. Après avoir fait l'tour du monde, tout c'qu'on veut c'est être à la maison"*. L'explorateur permet de Kiffer ! Mais même un digital nomade a besoin d'une *Safe place* et d'un endroit où il se sent chez lui :)

***

En embrassant l'énergie du <u>Rebelle</u> :

Tu gagnes une **force intérieure** et une **détermination** à **défier les normes** établies. Tu deviens une **voix audacieuse** et engagée, prêtes à remettre en question les systèmes et les idées préconçues. Cette énergie te confère une **volonté de briser les chaînes de la conformité**, d'**exprimer ton individualité** et de **créer un changement** positif dans le monde.

Bien qu'il puisse avoir une connotation négative, ce héros permet d'**inspirer les autres** à embrasser leur propre rébellion intérieure et à se battre pour ce qu'ils estiment juste !

C'est l'exemple de Greta Thunberg qui, derrière l'innocence de son âge, s'est levée pour briser le statu-quo et les discours vides des politiques en osant dire aux dirigeants : « **Le changement arrive, que cela vous plaise ou non.** »

Pour cultiver cette énergie : fait preuve de courage en exprimant tes idées et tes convictions, même lorsque cela va à l'encontre de l'opinion dominante. Sois **authentique** en restant **fidèle à toi-même** et à tes valeurs, sans craindre le jugement des autres. **Ose être différent** et unique, car c'est dans cette singularité que réside la véritable force du Rebelle.

Cherche à comprendre les causes auxquelles tu crois **et engage-toi** activement dans des mouvements ou des actions en faveur de changements sociaux positifs. **Sois ouvert** à remettre en question tes propres croyances et à évoluer dans ta pensée, car dans le fond, le Rebelle reste en constante recherche de vérité et de justice.

Si tes clients sont en quête de cette partie d'eux-mêmes, pour connecter avec eux : Inspire les autres à embrasser leur propre esprit rebelle, en encourageant leur indépendance d'esprit et leur volonté de se battre pour ce en quoi ils croient. Partage tes idées de manière constructive, en cultivant le dialogue et en prônant le respect.

Élève-toi au-delà des conventions et des contraintes ; défends la liberté d'expression et donne une voix à ceux qui en ont besoin. Contribue activement au monde que tu souhaites voir émerger, en osant être le changement que tu veux voir dans le monde et en marquant les esprits de façon atypique !

Mise en garde : à mon sens, c'est l'énergie qu'il faut manier avec le plus de précautions. Beaucoup de jeunes se sentent animés d'un esprit de rébellion et cassent plus qu'ils ne construisent... Il y a un risque d'atteindre un point de non-retour (autodestruction, crime, prison, perversité, oppression de ceux qui jadis nous ont donné l'impression d'être opprimé).

C'est l'exemple d'Anakin Skywalker (Star Wars) qui a été placé dans l'archétype de l'Ange-Gardien/ Sauveur par des maîtres voyant en lui « l'élu », puis qui, dans sa Rébellion contre l'ordre des Jedis, a bousculé du côté obscur. Envahi par sa part de rebelle jusqu'à l'embrasser en devenant Dark Vador.

Pourtant, bien canalisée, cette énergie peut jouer un rôle essentiel dans le progrès et le changement social en remettant en question les normes, en défiant l'autorité et en ouvrant la voie à de nouvelles possibilités.

En embrassant l'énergie du <u>Magicien</u> :

Tu gagnes un **pouvoir** transformateur et une **connexion profonde** avec les mystères de l'univers. Tu deviens un **alchimiste** de ta propre réalité, **capable de créer** des changements positifs et de **manifester** tes aspirations les plus profondes. Cette énergie te confère une **sagesse ésotérique** et une compréhension subtile des forces qui gouvernent la vie tout en permettant une véritable **transformation** de qui tu es !

Grâce à elle, tu développes une **vision claire** de ce que tu souhaites accomplir afin d'utiliser ton **pouvoir intérieur** pour matérialiser tes aspirations.

<u>Pour cultiver cette énergie</u> : plonge-toi dans la **quête du savoir** et de la **connaissance**. **Étudie les disciplines spirituelles**, les sciences et ouvre-toi à des nouvelles "**pratiques atypiques**" : explore les voies de la **méditation**, de la **visualisation**, pour les connaisseurs le "Shadow Work" et **développe ton intuition**, car c'est dans cette exploration que se trouve la clé de ton pouvoir intérieur.

Utilise ta volonté et ta concentration pour créer des changements positifs dans ta vie et dans celle des autres. **Sois conscient** du pouvoir de tes pensées et de tes émotions, car le Magicien sait que tout ce qui est envoyé dans l'univers revient sous forme de réalité. C'est l'énergie qui ouvre la voie des synchronicités !

En embrassant ce héros, tu te **connectes à "la source"** et tu réalises que tu es un co-**créateur** de ta propre réalité.

<u>Si tes clients sont en quête de cette partie d'eux-mêmes</u>, pour connecter avec eux : sois un gardien de la sagesse et partage tes connaissances avec les autres, en les invitant à explorer leur propre chemin de transformation et d'éveil spirituel. Cultive la bienveillance envers toi-même et les autres, car le Magicien sait que l'amour et la compassion sont des forces puissantes qui guident vers des résultats magiques.

Invite les autres à embrasser leur pouvoir intérieur et à devenir les architectes de leur propre destinée. Invite-les à ouvrir les portes de la créativité et de l'innovation ; à offrir de nouvelles idées ou de nouvelles façons de penser pour inspirer. Montre comment tu transformes les obstacles en opportunités et adoptes une posture de mentor ! Si tu es dans l'accompagnement, c'est l'archétype qu'il te faut pour transformer tes clients !

Mise en garde : Ce héros peut offrir un état de conscience trop élevé par rapport à la plupart des gens et entraîne une difficulté à côtoyer des gens « simples », voire conduit à les dénigrer (ou à les manipuler). Son côté "mystique" peut parfois déranger et les transformations qu'il impulse, être trop rapides pour être bénéfiques à notre entourage (une transformation nécessitante plus ou moins de temps en fonction des personnalités) ...

**

En embrassant l'énergie du <u>Héros</u> :

Tu gagnes une **force intérieure inébranlable** et une **détermination sans faille** pour affronter les défis de la vie. Tu deviens un **guerrier**, prêt à relever les épreuves avec **courage, persévérance** et **résilience**.
Cette énergie te confère une **vision** claire de tes objectifs et une **capacité à surmonter les obstacles** qui se dressent sur ton chemin.

Pour cultiver cette énergie : **prends conscience** de ta force intérieure et de ton potentiel. Identifie tes valeurs les plus profondes et les causes qui te tiennent à cœur, puis **engage-toi pleinement** à les incarner à travers des actions qui t'inspirent et t'élèvent. **Prends des initiatives audacieuses** pour réaliser tes rêves et fais face aux challenges qui se présentent à toi.
Sors de ta zone de confort et trouve des actes à la hauteur de ton audace.

Si tes clients sont en quête de cette partie d'eux-mêmes, pour connecter avec eux : sois un modèle d'inspiration pour toi-même et pour les autres, en faisant preuve d'intégrité et d'audace dans tes actions.

Partage tes challenges, peu importe que tu y arrives du premier coup ou non, car le pouvoir du Héros réside dans sa capacité à se relever après chaque chute et à apprendre des épreuves traversées. Partage les enseignements de tes échecs et montre-toi résilient en persévérant.

Cultive la compassion envers toi-même et envers les autres. Sois prêt à soutenir ceux qui ont besoin d'aide, en offrant ton soutien et en montrant l'exemple.

Encourage les autres et inspire chacun à se réaliser personnellement, à forger soi-même son destin et à se dépasser.

Montre à quel point tu chemines vers l'excellence et à quel point tu incarnes la qualité et l'éthique dans ce que tu proposes.
Montre à quel point tu es vivant et contribue positivement à la vie des autres et au monde en général.

Mise en garde : Le héros devient parfois orgueilleux, compétiteur à excès voir, se montre cruel envers les personnes faibles.
Utilise ta force et ta détermination pour créer un monde meilleur et aider les autres, plutôt que pour te mettre en avant à leur dépens ou de nourrir une quête de ton égo.

***

En embrassant l'énergie de l'Amoureux :

Tu gagnes une **profonde connexion avec tes émotions** et une **ouverture du cœur**. Tu deviens un **passionné de la vie**, prêt à **vivre chaque instant avec intensité** et à **accueillir l'amour sous toutes ses formes**. Cette énergie te confère une capacité à **t'aimer** toi-même et à **créer des liens profonds** avec les autres.

Pour cultiver cette énergie : **prends le temps de te connecter à tes émotions** et à ton cœur. **Sois attentif** à ce qui te fait vibrer et à ce qui te remplit de joie. **Ouvre-toi à l'amour** envers toi-même, en **cultivant la bienveillance et l'acceptation** de qui tu es.

Cultive la beauté ainsi qu'une **attitude positive** et **optimiste** envers la vie. Sois ouvert aux relations avec les autres, en prenant le risque de **t'impliquer émotionnellement**. Sois à l'écoute des besoins et des émotions des autres, en créant des liens profonds et authentiques avec les personnes qui croisent ton chemin.

Si tes clients sont en quête de cette partie d'eux-mêmes, pour connecter avec eux :
Cherche à créer des relations d'intimités et privilégie les petits groupes. Cultive et prends soin de ton entourage et des clients qui sont déjà là.
Montre-toi proche de ton client, compatissant et compréhensif. Prends le temps de l'écouter avant de lui proposer ton produit afin de le prendre en considération. Montre que tes clients sont avant tout des humains qui comptent à tes yeux.

Peu importe ton produit, montre à quel point il connecte ton client à lui-même, au monde, à quel point il gagne en charisme et devient humainement important en l'utilisant.

Témoigne à quel point tes produits sont au service de l'amour, sous toutes ses formes. Cela peut être l'amour de la planète, l'humain, du beau, du luxe, d'un domaine particulier... L'amoureux est un archétype de passion alors, sois toi-même le premier passionné de ce que tu proposes.

Mise en garde : cette énergie de passion génère parfois de la dépendance affective (dans les relations amoureuses ou amicales).
Dans les métiers de l'accompagnement, un client animé en excès de cette énergie pourrait devenir dépendant de son thérapeute/accompagnant, possessif ou jaloux (idem pour toi). Cela s'applique également pour les produits matériels qui développent une dépendance à l'image du téléphone, etc.

Freud pourrait témoigner à quel point nos désirs sexuels sont projetés dans notre consommation. Mais cela serait trop long à développer ici !

***

En embrassant l'énergie du <u>Comique</u> :

Tu gagnes un **don unique pour apporter de la joie et de l'humour** dans la vie des autres. Tu deviens un **artiste de la bonne humeur**, capable de **détendre l'atmosphère** et de créer des moments de **légèreté** et de bonheur. Cette énergie te confère une capacité à **trouver la joie dans les situations les plus simples** et à apporter un sourire sur les visages de ceux qui t'entourent.

<u>**Pour cultiver cette énergie**</u> : **cultive ton sens de l'humour** en mettant du "**kiff**" dans ta vie, en ajoutant de la légèreté dans les moments du quotidien. Montre-toi **créatif** et **spontané** dans tes interactions avec les autres. **Permets-toi** de déconner ! Cela ne signifie pas "devenir" un clown, mais plutôt d'apporter de l'**énergie positive** à l'extérieur de ton monde intérieur.

Cette énergie est celle de la **joie** et de l'**amusement** qui sort de l'intérieur pour illuminer l'extérieur. **Sors** dans des lieux atypiques et amusants, et **donne-toi des défis** qui vont avant tout t'éclater et te permettre de connecter avec les autres, car le véritable pouvoir du Comique est là ! Dans sa capacité à **rassembler** les gens autour d'un moment de joie et de **convivialité**.

<u>**Si tes clients sont en quête de cette partie d'eux-mêmes**</u>, pour connecter avec eux : partages des anecdotes sympas, amusantes et des histoires qui divertissent.
Parle de sujet sérieux qui te tiennent à cœur avec ludisme et légèreté !

Cultive la bienveillance et ajuste ton humour en fonction de la situation, car le rire est une arme puissante ! Le plus simple est de t'amuser et d'inviter les autres à venir jouer avec toi à travers ce que tu proposes !

Mets de la magie et de la légèreté dans ta vie et celle des autres pour devenir un véritable artisan du bonheur, en répandant la joie.

<u>**Mise en garde**</u> : Parfois, l'humour peut découler sur la taquinerie et doit trouver ses limites. Cette énergie peut mener à l'irresponsabilité, au manque de structure et d'organisation, ou même à la paresse. C'est une énergie qui peut prendre de la place

car elle se nourrit de l'énergie des autres. En cela, il est important de se montrer attentif et de ne pas devenir étouffant ou « lourd » sans s'en rendre compte.

***

En embrassant l'énergie de l'archétype du <u>Statu Quo</u> :

Tu te retrouves dans une position de **stabilité** et de **connexion avec des personnes qui te ressemblent.** Tu commences à préférer la sécurité et la constance plutôt que de rechercher du changement ou de l'aventure. Tu gagnes en patience et ton **sentiment de sécurité augmente** grâce à la stabilité et à la sécurité que te procure le fait d'**appartenir à un groupe.** Cette énergie te confère un **sens profond du devoir** et du respect des **traditions.** (A l'image de tes rituels quotidiens et diverses habitudes sociales (le verre du vendredi soir, l'afterwork du mois, etc.)).

<u>**Pour cultiver cette énergie**</u> : **préserve tes valeurs** et maintiens une **routine de vie stable** dans un **environnement familier.** **Participe à la vie locale** et associative de ta commune, **intègre des réseaux** d'entrepreneurs…

Le Statu-quo est le héros de l'appartenance. Il te permet de tisser des liens plus facilement, alors **donne-toi des opportunités pour créer des relations.**

Préserve l'harmonie de ta routine et, si elle n'est pas harmonieuse à ce jour, arrange cela et **créer toi une vie sociale !**

<u>**Si tes clients sont en quête de cette partie d'eux-mêmes**</u>, pour connecter avec eux :
Honnêtement, c'est une énergie à double tranchant si tu es en phase d'extension, car elle ne favorise pas la sortie de zone de confort, au contraire. Dans l'idéal, il faudrait la coupler avec une autre énergie.
Néanmoins, l'énorme point fort de cette énergie est que la majorité des gens sont en mal d'appartenance. La société capitaliste a tué l'esprit de famille et la mondialisation a fait exploser les communautés. En ce sens, <u>nous appartenons</u>

aujourd'hui par notre consommation donc, créer des produits d'appartenance.

Créer du lien et parle à tes clients comme tu parlerais à un membre de ta famille : créer de la familiarité.

Toutefois, ATTENTION à ne pas tomber pas dans l'immobilisme une fois que tu as connecté avec tes clients. Aujourd'hui, des entreprises connaissent de rapides succès grâce à l'aspect communautaire qu'elles arrivent à véhiculer puis, n'arrivant pas à maintenir un sentiment d'appartenance élevé, les clients partent ailleurs. C'est le cas des influenceurs et des personnalités publiques qui, en un Bad Buzz, peuvent se retrouver à zéro.

Partage tes valeurs et montre à quel point celles-ci sont importantes pour toi, ceux qui les partagent se reconnaîtront.

C'est l'archétype de Mc Donalds : *venez comme vous êtes !* Accepte tout le monde et revendique que tes clients sont des membres à part entière de ta communauté.

Mise en garde : Le monde se transforme et le statu-quo va parfois contre le changement, ce qui, dans notre société en transition, pourrait rapidement causer ta perte. Attention à ne pas rester sur tes acquis et à ne pas avoir l'esprit trop fermé, tu pourrais passer à côté de nombreuses opportunités.

Par son besoin d'appartenance, cette énergie te pousse parfois faire ce qui ne te ressemble pas pour ne pas être seul ou au contraire, à t'isoler pour te connecter à un univers personnel et parfois matériel. (La société de consommation nous a conduit à « posséder » nos relations par la consommation ; des goodies d'icônes ou des jeux qui façonnent un univers réconfortant et sur mesure auquel tu te sens appartenir. Le fait est qu'il n'y a jamais eu autant de personnes isolées qu'aujourd'hui, certains sont poussés à développer un sentiment d'appartenance via des objets ou des idoles qui véhiculent une « fausse proximité » (la télé-réalité, Youtube et les réseaux sociaux par exemple créés des liens avec des personnes que nous ne connaissons pas vraiment et certains développent des addictions ou dépendance à ce genre de supports car ils constituent l'unique façon d'intégrer un univers auquel ils se sentent appartenir et reconnu).

***

En embrassant l'énergie de l'archétype de l'Ange Gardien (Sauveur) :

Tu deviens une **figure protectrice et bienveillante** pour les autres. Tu te donnes pour **mission d'aider** ceux qui ont besoin de **soutien** et d'amour. Cette énergie te confère un **cœur compatissant** et une volonté inébranlable d'être là pour les autres dans les moments difficiles ou nécessaires.

Pour cultiver l'énergie de l'Ange Gardien : Cultive une attitude de non-jugement envers les autres et envers toi-même. Reconnais que tout le monde a ses défis et ses faiblesses, et qu'il est important d'**offrir un soutien sans conditions**, ni attentes.

Reconnais que tu as le pouvoir d'influencer positivement la vie des autres, mais rappelle-toi aussi de **prendre soin de toi**-même. **Prends des moments pour te ressourcer** et **te recharger émotionnellement**, car l'archétype de l'Ange Gardien peut parfois s'oublier dans son désir d'aider les autres.

Créer des moments d'écoute avec tes proches, fait du **bénévolat** dans un endroit qui a du sens pour toi. **Donne** sans rien attendre en retour. **Nourris émotionnellement** les personnes qui t'entourent et **préserve l'harmonie** de ta vie.

Si tes clients sont en quête de cette partie d'eux-mêmes, pour connecter avec eux : Fais preuve d'empathie en écoutant les besoins des autres et en offrant ton soutien de manière inconditionnelle. C'est très important : donne des conseils, de ton temps, de toi, **sans rien attendre en retour !**

Partage tes conseils, soutiens ton entourage et tes clients potentiels concrètement (un commentaire sur leurs réseaux, une carte de félicitations ou d'encouragements...). Offre ta présence et une épaule solide sur laquelle s'appuyer autant qu'un cœur chaleureux pour réconforter ceux qui en ont besoin. Cependant, rappelle-toi que tu n'as pas la responsabilité de sauver tout le monde, car chacun est responsable de lui-même. **Chacun est souverain !**

Mise en garde : Attention à ne pas être abusé de ta gentillesse ! Ne tombe pas dans le Triangle Dramatique de Karpman (Victime, Bourreau, Sauveur (*internet est ton ami si tu ne connais pas*)).

Parfois, il y a un risque de se sentir coupable en cas d'incapacité à aider (honte ou sentiment d'inutilité). **Tu ne peux pas aider quelqu'un qui ne veut pas s'aider lui-même !** Attention à ne pas te sacrifier pour les autres et à devenir un martyr (Certains parents se retrouvent dans ce héros et peuvent s'oublier eux-mêmes pour assurer le bien de leurs enfants. Tes clients ne sont pas tes gosses !).

***

En embrassant l'énergie du Meneur :

Tu deviens un leader **charismatique** et **inspirant, capable de guider** les autres vers l'accomplissement de leurs objectifs. Tu te donnes pour mission d'encourager et de **mobiliser les autres,** en les incitant à donner le meilleur d'eux-mêmes et à réaliser leur plein potentiel.

Cette énergie clarifie **ta vision** et t'offre une **détermination** et une **structure cohérente** pour atteindre tes résultats souhaités. Elle permet de te **surpasser** autant que de **rassembler** une large foule **autour de toi !**

Tu gagnes une grande **confiance en toi**, des **capacités à t'organiser**, à **communiquer et à gérer des conflits** grâce à ton **leadership**.

Pour cultiver l'énergie du Meneur : prends conscience de ta capacité à influencer positivement les autres et à les **motiver vers l'action. Fais preuve de confiance** en toi-même et en tes compétences, car le Meneur sait que la conviction est contagieuse. *#Il faut être convaincu pour être convaincant !*

Communique clairement autour de ta vision et de tes objectifs. Sois ouvert à écouter les idées et les opinions des autres, en favorisant la **collaboration** et le **travail d'équipe**.

Cultive un sens élevé de l'éthique et de l'intégrité. Prends des décisions éclairées et assumées, en étant responsable des conséquences de tes actes.

Le rôle de Meneur implique également de savoir déléguer et de permettre à chacun de s'épanouir selon ses talents et ses compétences. Donc, **délègue** ce qui peut l'être pour te concentrer sur ton rôle de leader.

<u>**Si tes clients sont en quête de cette partie d'eux-mêmes**</u>, pour connecter avec eux : Sois clair et concis ! Évite les détours et va droit au but lors de tes échanges. Montre ta compétence pour faire valoir ta place de leader afin que tes clients se sentent portés par cette part d'eux-mêmes qu'ils voient en toi.

Exprime-toi de manière claire et enthousiaste et laisse s'exprimer ton auditoire pour montrer de l'intérêt à leurs idées et opinions.

Met en avant les résultats et montre les bénéfices autant que les solutions que tu peux apporter à leurs besoins.

Sois efficace et donne de la valeur au temps ! Essaie de fixer des rendez-vous brefs et de respecter les délais convenus. Montre que tu contrôles la situation !

Sois authentique ! Un bon leader fait preuve de transparence afin de créer une relation sincère avec ses clients !

<u>**Mise en garde**</u> : Lorsqu'il perçoit que le contrôle lui échappe, le Meneur peut passer du leader au dictateur (tyrannie). Voir, il pourrait manipuler ou influencer autrui pour servir sa propre vision du monde. Cela s'illustre chez les grands dirigeants politiques et les manageurs néfastes. Attention à ne pas laisser l'ego prendre le dessus et à toujours agir dans l'intérêt du bien commun. Reste ouvert aux opinions des autres et veille à maintenir une communication claire et transparente avec ton entourage.

***

En embrassant l'énergie du <u>Créateur</u> :

Tu deviens un **artiste** de la vie, capable de donner forme à tes idées et de matérialiser tes rêves. Tu te donnes pour **mission d'innover** et de faire avancer le monde par tes **créations** uniques.

Cette énergie te confère une **imagination débordante** et une capacité à transformer des concepts abstraits en réalités tangibles.

<u>Pour cultiver l'énergie du Créateur</u> : fait preuve de curiosité et d'ouverture d'esprit, car c'est dans cette exploration que naissent de nouvelles idées et de nouvelles inspirations.

N'aie pas peur de **prendre des risques** et **d'expérimenter** de nouvelles approches, car le Créateur sait que l'échec est souvent une étape nécessaire vers le succès. **Fais confiance à ton intuition et à ton instinct** créatif pour te guider dans tes choix artistiques.

Cultive la persévérance et la détermination, car la création peut être un processus exigeant qui nécessite du temps et de l'effort. **Reste passionné et engagé** dans ton travail, car c'est ainsi que tu pourras apporter une contribution unique et personnelle au monde qui t'entoure.

Vois dans chaque défi quotidien une opportunité de créer et d'innover, en abordant tes difficultés avec un regard créatif.

Laisse parler ton cœur et ta passion ! Fait de chaque jour, une œuvre d'art ! D'ailleurs, **fait une pratique artistique. Cultive la beauté, en apportant une contribution unique** et personnelle au monde qui t'entoure. C'est ainsi que tu créeras ta propre réalité.

<u>Si tes clients sont en quête de cette partie d'eux-mêmes</u>, pour connecter avec eux :
Invite-les à créer avec toi, à te donner des idées et/ou à partager leurs propres créations. Embarque-les dans ton univers créatif en laissant ta créativité et ton amour pour la vie transpirer à travers ton être et tes paroles.

Assume ton originalité et ta créativité ! Partage ta vision du monde atypique, partage tes créations, et crée des espaces d'échanges où les apprentis créateurs pourront s'exprimer et créer des liens ludiques et profonds avec eux-mêmes et avec toi !

Mise en garde : Cette énergie peut te pousser à créer un riche univers intérieur qui finirait par te faire subir le monde extérieur, de sorte à t'enfermer dans une réalité parallèle, comme un artiste enfermé dans son atelier qui a de merveilleuses idées, mais que personne ne comprend. Il pourrait te rendre obsédé voir addict au travail…

Veille à garder un équilibre dans ta vie et à ne pas te laisser submerger par ta créativité au point de négliger tes autres responsabilités et ton bien-être émotionnel et physique. Reste ouvert aux influences extérieures et à la réalité du monde qui t'entoure tout en nourrissant ton esprit créatif.

****

À toi de jouer !

Identifie un, deux voire trois héros dont tu aurais besoin pour ton aventure entrepreneuriale. La suite consistera à te penser à travers cette énergie pour influencer / « sponsoriser » ton identité et permettre d'impacter le monde différemment.

De plus, le pouvoir des archétypes réside dans le fait qu'ils racontent une histoire et sont profondément ancrée dans l'inconscient collectif. C'est-à-dire qu'ils transcendent le langage et parlent au-delà des mots.

Il te suffit d'être perçu à travers un archétype pour que des portes s'ouvrent à toi !

Chaque archétype t'ouvrira des portes différentes !

Le plus beau dans cela, c'est que **tu n'as rien à "faire", seulement à "être"**. (L'action découlera de ce que tu es et deviens).

C'est pour l'énergie que tu dégages que les gens vont te faire confiance à toi et/ou à ton produit.

En utilisant les archétypes, tu te plonges dans une démarche de "*pré-suasion*". Avant même de devoir "persuader" tes clients, grâce à ton identité et à l'énergie que tu incarnes, tous leurs signaux inconscients seront au vert. Simplement grâce à ce que tu es et incarnes à leurs yeux !

Note importante : les archétypes ne sont pas des limites rigides, mais plutôt des sources d'inspiration et d'exploration. Tu peux t'identifier à plusieurs archétypes et découvrir que ta dominante archétypale évolue au fil de ton parcours entrepreneurial. L'essentiel est de trouver l'archétype qui te permettra de te connecter à tes forces intérieures et de t'épanouir dans ton rôle d'entrepreneur et tes challenges à l'instant T.

En embrassant l'énergie de ton archétype, tu découvriras une nouvelle authenticité dans ta façon d'entreprendre. Tu pourras puiser dans les qualités et les compétences qui sont inhérentes à cet archétype, et ça, **c'est méga-puissant !**

Regarde, avec Alexandre Vigne, nous avons écrit ce livre en moins de trois semaines. Si, personnellement, j'ai déjà écrit, lui s'est connecté au Sage en excès pour faciliter son travail d'auteur. D'ailleurs, durant cet exercice d'écriture, son énergie du sage est devenue dominante et redescendra sans aucun doute une fois l'écriture terminée.

Chaque archétype est comme un "parrain" qui t'aide à trouver ta place dans le monde et à grandir. Lorsque tu auras atteint ton objectif, tu auras la possibilité d'en changer si celui-ci ne répond plus à tes attentes et objectifs de vie.

C'est ce qui fait de cet outil le plus puissant outil de développement personnel ! Tu peux tout faire et il te permet une véritable transformation.

À toi de te projeter !

De quelle façon veux-tu que ces héros s'incarnent en toi ? (Colorie la roue ou, ajoute à celle que tu as complété dans le chapitre 2, ceux que tu voudrais voir s'affirmer davantage.)

Roue héroïque

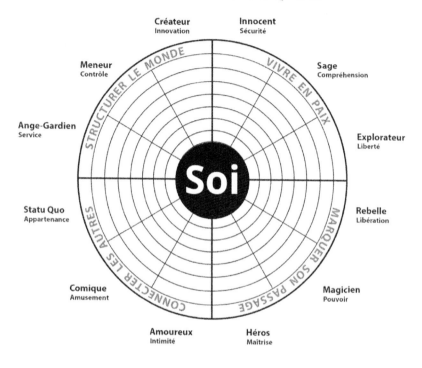

Créateur — Innovation
Innocent — Sécurité
Meneur — Contrôle
Sage — Compréhension
Ange-Gardien — Service
Explorateur — Liberté
Statu Quo — Appartenance
Rebelle — Libération
Comique — Amusement
Magicien — Pouvoir
Amoureux — Intimité
Héros — Maîtrise

STRUCTURER LE MONDE
VIVRE EN PAIX
MARQUER SON PASSAGE
CONNECTER LES AUTRES

Soi

Le jeu qui te mettra sur la route du succès et du Kiff

Tu l'as compris, la vie est un jeu dont la scène est la vie elle-même ! Encore mieux qu'un jeu vidéo, dans ce jeu, tu peux parler à tous les personnages. Et chacun d'eux pourrait bien t'offrir une "quête annexe".

La prochaine étape est de faire descendre tes prospects dans l'arène ! Avec toi, dans ton jeu (dans le monde de ton entreprise, si tu préfères !).

Tu lirais un autre livre business, c'est là qu'on te proposerait de faire un e-book ou un "produit d'appel". Bref, un truc pour te faire connaître du genre "une pub Facebook, un produit gratuit, ou autre". Ce que les connaisseurs appellent un « *lead-magnet* » : un aimant à prospects.

Ces méthodes fonctionnent et sont même nécessaire ! (Pour la publicité, cela dépend de ton niveau car, c'est vraiment un univers qui demande des compétences si tu ne veux pas cramer ta trésorerie).

De notre côté, je te propose de faire descendre les gens dans l'arène avec des défis qui te ressemblent et **te permettent d'explorer différentes parties de toi-même !** Parce que, à travers le développement de ton entreprise, souvent, c'est toi-même que tu cherches à faire croître et évoluer. Alors, plutôt que de t'épuiser à prospecter avec des démarches généralistes, je t'invite à réfléchir aux actions qui pourraient vraiment t'amuser !

N'oublie pas que ton business dépend à 75 % de toi et à 25 % d'actions alignées. Avec ce principe, tu n'as même plus de concurrents puisque ton aventure est UNIQUE. Tu es seul au centre de l'arène et ton job consiste à **créer des ponts** entre toi et tes futurs clients.

Pour cela, il va falloir rendre le terrain brillant et attirant pour tes futurs clients ! Soit avec tes produits d'appels, soit avec les bons challenges !

Maintenant que tu connais les héros qui vont t'être utiles, il est temps de te donner ta mission !

Tu es la relève d'Ethan Hunt, (Tom Cruise a dû prendre sa retraite en te voyant arriver dans le Game !).

*"Votre mission, si toutefois vous l'acceptez, sera de **créer une liste de 100 façons d'incarner davantage ce que vous êtes.** Quelles actions et challenges vous permettraient d'incarner vos héros et vos valeurs ! Peu importe que cela semble réalisable ou non, **cette liste est votre mission**".*

À toi de jouer.

Par exemple, si dans tes valeurs se trouvent l'amour ou le partage et que tu as besoin de **créer de la relation** en faisant appel au Statu-Quo et/ou à l'Amoureux, quelles actions pourraient te permettre d'incarner cela ? (C'est une simplification de l'atelier qui nous a fait réaliser plus de 30 000€ en un challenge. Sérieux, cette mission est simple mais, **plus c'est simple, plus cela marche !**).

Exemple de challenges pour incarner l'amour du partage à travers le Statu-quo et l'Amoureux (selon notre vision du monde) :

✓ Partager ma passion à travers un évènement que j'organise dans un lieu réputé de ma commune.
✓ Faire un atelier dans la rue avec des inconnus pour présenter ce que je fais.
✓ Donner mes anciens livres à des inconnus et leur expliquer ce que j'ai adoré dans cette lecture.
✓ Participer à une conférence et aller échanger sur celle-ci à la fin auprès de deux inconnus.
✓ Inviter un inconnu autour d'un verre pour partager sur X sujet.
✓ Partager une vidéo inspirante sur les réseaux pour partager ce qui me met en joie.
✓ Faire du covoiturage et orienter la conversation autour de ce qui passionne mon chauffeur.
✓ Inviter un inconnu qui m'inspire par son charisme au restaurant pour écouter son histoire.
✓ M'inscrire à un cours de Salsa et danser avec des inconnus.
✓ Payer une tournée à un groupe d'inconnus et faire connaissance.
✓ Organiser un barbecue dans mon association …

Pour moi, les opportunités avec des inconnus sont les plus magiques. Mais tu peux faire cela avec tes connaissances.

Tu peux même entrer dans un travail de développement personnel pour nourrir chaque partie de toi et créer des challenges pour les archétypes les moins prononcés.

Ici, ce que je veux t'inviter à réaliser, c'est que, **la magie se trouve dans l'action de créer des choses à ton image**.
On s'en fou de la dernière stratégie à la mode. Si elle ne te parle pas et ne te ressemble pas, en plus de te prendre la tête, elle va t'épuiser. L'idée est de prendre du plaisir et de déléguer voire, de créer une équipe/ ta Team d'Avengers avec des compétences complémentaires aux tiennes.

Retrouve ton support pour noter tes actions ici : **https://niveausup.fr/odyssee-entrepreneuriale-ressources/**

Prends le temps de faire cette liste, **c'est très important !** (Ouais, je sais, quand on lit un livre, on passe souvent au chapitre qui suit sans vraiment appliquer. Ce qui explique pourquoi beaucoup lisent, mais n'ont pas de résultats. Ils savent quoi faire, mais ne le font pas. Joue le jeu, ce n'est pas pour moi que tu le fais mais pour toi ;))

Puis, passons au plan qui te fera gagner la foule....

4 - Comment gagner la foule : le plan

Les projets qui se sont présentés, je les ai choisis à l'instinct, à l'enthousiasme, sans jamais faire de plans sur la comète.
- Laetitia CASTA

Peu parlent de l'impact de ton niveau de conscience sur ton business, pour ne pas dire "personne".

Tu entends parler du "mindset" à toutes les sauces aujourd'hui. Mais au fond, un bon état d'esprit vient avant tout d'un bon "**état d'être**".

Et c'est là le secret que l'on souhaite te partager ! Une communication animée de belles intentions et d'un haut niveau de conscience ne conduit qu'à une chose : **la lumière de la réussite**. Pas forcément une réussite financière en premier lieu, car celle-ci n'est qu'une conséquence de la lumière que tu apportes au monde. Mais avant tout une réussite personnelle avec TA définition de la réussite.

Pour communiquer avec une bonne énergie et "magnétiser" tes meilleurs clients, trois conditions sont nécessaires :

1. **Avoir une intention noble !** L'intention est ton propre engagement à agir en conformité avec tes valeurs et ta vision du monde. Cette intention va conditionner toute ta communication et tes relations. Si tu écris à un client avec l'intention de "vendre", ton écriture sera conditionnée par ce but. Si tu écris avec l'intention d'informer, idem... Etc.

2.**Te rapproche au plus proche de qui tu es**. Les archétypes ne sont qu'un jeu dont la finalité est de t'aider à **révéler qui tu es** et te faire briller dans ton **unicité**, non pas de copier un ensemble de modèles.

3.**Élever ton énergie !** Ton énergie peut faire foirer les deux premières conditions ! C'est pour cette raison que je vais maintenant te partager un des quatre outils qui m'ont le plus transformés ! J'ai nommé, les niveaux de conscience de Hawkins !

Développés par le Dr. David Hawkins, les niveaux de conscience de Hawkins, représentent une échelle qui mesure l'impact des émotions et de notre état d'esprit sur notre vision de la vie, de nous-même, etc.

Selon cet outil, plus tu élèves ton énergie, plus tu te rapproches des niveaux supérieurs de conscience, ce qui te permet d'atteindre une clarté mentale et émotionnelle accrue, ainsi qu'une connexion plus profonde avec toi-même et les autres.

Cette approche te permettra de gagner en charisme et en alignement pour rayonner dans ton unicité et ainsi, <u>attirer naturellement les bonnes personnes vers ton entreprise et tes projets</u>. Et en plus, tu verras comment faire progresser l'humanité vers les prochaines étapes de son évolution (rien que ça !).

Les Niveaux de Conscience de Hawkins et leur Impact sur ton Business

Tout ce que tu vois arriver est la conséquence de ce que tu es.
Dr. David Hawkins

La conscience qu'un entrepreneur a de lui est **un facteur clé** dans son épanouissement personnel et dans la dynamique qu'il donne à son entreprise, autant qu'à son management, s'il dispose d'une équipe.

En réalité, ton niveau de conscience détermine ton leadership, ta façon de prendre des décisions, les relations que tu crées, et même la culture de ton entreprise.

J'aime l'idée qu'il y ait des "niveaux". Cela offre une dynamique ludique, comme si à l'image d'un jeu, tu pouvais évoluer et mesurer ta progression.

Que l'on soit claire, par conscience, nous entendons "un état émotionnel" quotidien qui influence autant ta personnalité que ton niveau de satisfaction face à ce qu'il t'arrive.

Le Dr David Hawkins, dans son ouvrage "*Pouvoir contre Force*", a développé une échelle de conscience pour comprendre la façon dont chacun perçoit le monde et interagit avec lui.

Dans ce chapitre, nous allons explorer ces niveaux de conscience et examiner comment ils peuvent affecter ta façon d'entreprendre, en mettant en lumière leurs avantages et leurs risques respectifs.

Vois cela comme une échelle dans laquelle **une personne qui se situerait en bas aura tendance à être plus limitée** dans sa vision du monde et dans sa façon d'interagir avec lui, par rapport à une personne qui se situerait en haut de l'échelle.

Peu importe où tu te situes, ne te juge pas !

Prendre conscience de cette échelle permet à elle seule d'identifier une voie d'épanouissement. Comme si, après ton Voyage du Héros se cachait *"le voyage de ta conscience"*. (Honnêtement, c'est la finalité de mon activité. Mais, ce livre ayant déjà pas mal de concepts, contentons-nous de cette échelle déjà bien parlante sans aller trop loin !).

Découvre ces niveaux et la culture personnelle et d'entreprise qui en découle puis, choisi d'incarner un état émotionnel qui te mène au niveau supérieur 😊

D'ordre général, **plus tu montes, plus tu te sens vivant.e !** Alors qu'en bas se trouve la mort. (C'est à la fois une métaphore et une réalité puisque les états du bas entrainent effectivement des maladies, de la dépression, etc... Alors qu'en haut, il y a la vie, la Joie et la conscience).

Des niveaux hauts jusqu'aux niveaux les plus bas, celle-ci pourrait être résumée comme ceci :

Niveau de conscience	Émotions associées	Perception de la vie	Processus
Paix et **Illumination**	Sérénité	Parfaite	Contribution à la Vie
Joie	Compassion, joie de vivre	Complète	Transformation personnelle et spirituelle
Amour	Amour inconditionnel, soutien	Bienveillante et bénéfique/ Un cadeau	Amour inconditionnel
Raison	Compréhension	Sensée	Potentialisation
Acceptation	Pardon, rédemption	Harmonieuse	Élargissement de conscience
Volonté	Optimisme, engagement, inspiration	Pleine d'espoir	Engagement
Neutralité	Confiance, détachement	Satisfaisante	Lâcher prise
Courage	Affirmation de soi, ouverture au monde	Vivable	Exploration et affirmation de soi
Orgueil	Fierté, mépris, arrogance	Insatiable	Croissance du Moi
Colère	Haine, révolte, ressentiment	Hostile	Agressivité/ Vengeance
Désirs	Manque, jalousie, aspiration	Décevante	Esclavage par la dépendance
Peur	Anxiété, souci, terreur	Effrayante	Retrait
Chagrin	Regret, perte, tristesse, dépression	Tragique	Abattement
Apathie	Désespoir, impuissance	Sans espoir	Renonciation
Culpabilité	Haine de soi, culpabilité	Malveillante, une souffrance	Destruction
Honte (de soi)	Humiliation, non-existence	Misérable	Élimination

D'un point de vue croissance et business, tu le constateras, **tous les niveaux inférieurs au désir risquent d'être un vrai problème pour ton développement !** Ou pire, ils te conduiront au cimetière des entrepreneurs. GAME OVER, merci d'avoir joué !

C'est le moment où je te l'annonce au cas où tu ne l'aurais pas compris : ce n'est pas qu'un livre sur le business. C'est avant tout un livre sur TOI et l'entrepreneur de demain.

André Malraux a dit que *le 21ème siècle sera spirituel ou ne sera pas*. Yann Arthus Bertrand poursuit en affirmant que *la Révolution écologique sera spirituelle ou ne sera pas*.

Nous en sommes collectivement, ici. Dans un besoin de sens qui favorise la vie et non uniquement l'économie au détriment de la vie elle-même.

De mon observation, **ce sont les entrepreneurs qui façonnent le monde de demain.** L'entrepreneuriat au 21ème siècle est et sera donc spirituel, et de facto, toi aussi !

Ces niveaux en sont l'illustration parfaite, puisqu'à travers ton entreprise, c'est un voyage d'éveil à toi-même que nous te proposons.

Voici les principales différences entre ces deux extrêmes, partant du bas :

* Niveau – Honte*

Le niveau de conscience de la honte est le plus bas de l'échelle de Hawkins. À ce stade, on se sent impuissants, dévalorisés et incapables de réussir.

Pour une entreprise, avoir des leaders ou des employés ancrés dans ce niveau peut entraver la créativité, la prise d'initiatives et l'innovation.

Le risque principal est un manque de confiance en soi et une attitude de victimisation, qui peuvent se traduire par des décisions inefficaces et un environnement de travail peu productif.

Comment passer au niveau supérieur : Ce niveau de conscience nous mène dans un **processus d'élimination** de notre propre personne (des idées suicidaires peuvent même être perçues comme étant un moyen de se libérer du poids de son existence).

La seule chose à faire : être accompagné par un bon thérapeute ! Si une entreprise est à ce niveau, il y a fort à parier que les burnouts sont nombreux et que la santé économique autant que celle des employés est médiocre. Idem, il est temps de faire appel à un consultant ou de revoir la culture au sein de l'entreprise.

Niveau – Culpabilité

Le niveau de culpabilité est légèrement supérieur à celui de la honte. À ce niveau, on peut se sentir responsable des erreurs passées et avoir du mal à se pardonner (à soi-même ou aux autres).

Dans le contexte des affaires, la culpabilité excessive peut conduire à une culture de la peur et du secret, où les erreurs ne sont pas admises ouvertement, et où la créativité est entravée par la crainte de faire des erreurs.

Le risque majeur ici est un manque d'ouverture et d'apprentissage, ce qui peut freiner l'innovation et l'adaptation aux changements du marché.

Comment passer au niveau supérieur : Ici, l'individu est dans un **processus de destruction**. Par notre histoire, c'est l'impression de ne pas mériter notre place ou d'avoir un boulet aux pieds qui empêche toute considération personnelle. Comme le niveau précédent, trouve de l'aide pour faire la paix avec ton passé !

Niveau – Apathie

Au niveau de l'apathie, on peut se sentir désespéré et déconnecté de son propre potentiel.
Dans le business, cela se traduit par des employés qui ne sont pas engagés, manquent de motivation et de passion pour leur travail.

Les entreprises qui fonctionnent majoritairement à ce niveau peuvent rencontrer des problèmes de productivité et de rétention des employés (Turnover).

Le risque principal est un manque d'ambition et de vision, ce qui peut empêcher l'entreprise de se développer et d'atteindre ses objectifs.

Comment passer au niveau supérieur : Cet état nous place dans un **processus de renonciation** (à soi-même) qui engendre la résignation et le manque d'énergie par la perte de l'espoir. C'est une sensation d'impuissance qui nous conforte dans l'idée que l'on a besoin d'autrui pour s'en sortir. Idem que le précédent : fais-toi aider et façonne un environnement porteur/ positif !

Niveau – Chagrin

Le niveau de chagrin est caractérisé par des émotions de perte et de tristesse. On descend souvent à ce niveau lors d'un deuil avant de retrouver notre état standard.

Dans le business, cela peut se traduire par des dirigeants ou des employés qui ont du mal à surmonter les échecs ou les pertes, entraînant une stagnation dans le processus de prise de décision.

Les entreprises qui opèrent à ce niveau peuvent rencontrer des difficultés à surmonter les défis et à s'adapter rapidement aux changements du marché.

Le risque majeur est de rester bloqué dans le passé, ce qui peut entraver la croissance et l'innovation de l'entreprise.

Comment passer au niveau supérieur : On se retrouve ici dans un **processus d'abattement** ou de victimisation qui se traduit par un sentiment de tristesse généralisé ou l'impression de ne pas savoir quoi faire pour solutionner une peine intérieure.
Trouve un environnement positif pour réchauffer ton cœur et te montrer que les nuages ne sont que passagers. Ici, il est temps de réenchanter ta vie !

Niveau – Peur

Le niveau de la peur est une émotion puissante qui peut paralyser autant l'individu que l'organisation. Au sein d'une entreprise, la peur peut se manifester sous différentes formes, comme la peur de l'échec, la peur de la concurrence, la peur de l'innovation, etc.

Lorsque la peur domine la culture d'entreprise, elle peut inhiber la prise de risques nécessaires pour la croissance et le succès. Le risque principal est de prendre des décisions basées sur l'évitement des risques plutôt que sur une analyse objective des opportunités.

Comment passer au niveau supérieur : On se trouve ici dans un **processus de retrait** pour se préserver de son angoisse. C'est un état de fuite où le monde est perçu comme dangereux et insécurisant.
Si tu souhaites réellement avancer et que tu te situes à ce niveau, mets les deux pieds dans cette peur ! N'y va pas forcément seul mais vas-y ! Derrière tes plus grandes peurs, se cachent tes meilleurs souvenirs autant que tes plus belles réussites ! Crois-moi, tu en seras fier !

Niveau – Désir

Le niveau du désir est caractérisé par une quête incessante de satisfaction matérielle et d'accomplissements extérieurs.

Pour un entrepreneur, cela peut se traduire par une focalisation excessive sur les bénéfices financiers sans considération pour les valeurs ou l'impact social de ce qu'il fait.

Bien que le désir puisse être une force motrice pour le succès, s'il est mal canalisé, il peut conduire à des pratiques commerciales discutables et à une culture organisationnelle peu durable.

C'est le niveau de conscience favorisé par notre culture capitaliste ; celui qui engendre l'addiction, l'avidité, la quête d'argent, de pouvoir, de célébrité, etc…Génial pour la croissance. Néanmoins, en deux cents ans et par ce désir insatiable, nous avons conduit à la 6ème grande extinction et avons ravagé une partie de la planète en marchandisant la vie elle-même.

<u>Comment passer au niveau supérieur</u> : Ce niveau alimente un **processus d'esclavage par la dépendance**. Pour t'en libérer, demande-toi de quoi as-tu vraiment besoin et interroge-toi sur ce que tu cherches réellement ? Fais le point sur ce que tu veux vraiment dans la vie ?

Ce niveau est <u>excellent pour la croissance</u> de ton entreprise, et **<u>il faut avoir du désir</u>** ! Sinon, tu ne vivras jamais de ton activité ! La seule chose à veiller est de ne pas être éternellement insatisfait et d'avoir un appétit insatiable...

Dans la nature, aucun arbre ne pousse jusqu'au ciel. Il y en a certes de très gros et d'autres, qui sont tout petits et vivent très bien à l'ombre des gros. Le savais-tu, les gros nourrissent même les petits ? Il y a un transfert de nutriments puisqu'à l'ombre, l'arbuste ne prend pas suffisamment de soleil pour synthétiser les nutriments. <u>Si chaque entreprise était un arbre, alors les nutriments seraient l'argent.</u> Demande-toi jusqu'où tu souhaites grandir et comment te nourrir des autres en pensant "gagnant-gagnant".

Niveau – Colère

La colère est une émotion intense qui peut être dévastatrice si elle n'est pas canalisée de manière constructive. Au niveau de la colère, nous pouvons réagir de façon impulsive et créer des conflits inutiles, ce qui peut nuire à nos relations autant qu'à la réputation de notre entreprise.

Un environnement de travail caractérisé par la colère peut également décourager les employés talentueux de rester dans l'entreprise. Le risque principal est un climat de travail toxique qui entrave la collaboration et l'innovation.

<u>Comment passer au niveau supérieur</u> : Après le désir vient la frustration, après la dépendance vient la colère de ne pas être indépendant... Vous l'aurez compris, ce niveau nous mène vers un **processus d'agressivité voir, de vengeance** envers le monde extérieur (et parfois envers soi-même). Cette colère témoigne souvent d'un combat intérieur inaudible ou refoulé.
Interroge-toi sur la source de cette colère et sur la façon dont elle pourrait être un moteur pour créer plutôt que d'être un vecteur de

chaos. Canaliser cette énergie vers des actions constructives et positives peut permettre d'améliorer notre prise de décisions, nos relations professionnelles et la culture de notre entreprise.

Niveau – Orgueil

L'orgueil peut être vu comme un niveau de conscience élevé par rapport aux niveaux dont nous venons de parler, mais il peut encore présenter des défis dans le business.

L'orgueil peut conduire à un ego démesuré et à un manque d'écoute des autres. Cela peut également se traduire par des décisions impulsives basées sur l'ego plutôt que sur des faits.
Le risque principal est un leadership autoritaire qui peut aliéner les employés et nuire à la culture d'entreprise.

Comment passer au niveau supérieur : À ce stade, on se place dans un **processus de croissance du Moi** qui engendre un plus grand pouvoir et une instabilité par l'égocentrisme qui en découle.

Avoir confiance en soi et en son produit est essentiel dans le monde des affaires, mais il est important de transformer cette confiance en un leadership inspirant et altruiste. Comment cette confiance pourrait devenir contagieuse et faire briller les autres ? Comment pourrais-je passer de l'orgueil au leadership ?
Il est peut-être temps d'écouter, de faire preuve de compassion et d'empathie envers les autres...

Niveau – Courage

Le courage est un tournant dans l'échelle de conscience de Hawkins, car c'est le premier niveau considéré comme constructif. Au niveau du courage, on commence à adopter une approche plus responsable et intègre de notre vie et de notre travail.

Dans le business, le courage est essentiel pour relever les défis, prendre des décisions difficiles et défendre ses convictions, même face à l'adversité. Le courage peut créer une culture d'entreprise inspirante, encourageant l'innovation et la collaboration.

<u>Comment passer au niveau supérieur</u> : Ce niveau se caractérise par un **processus d'exploration** (de soi, du monde, de son potentiel) **et d'affirmation de soi**. Cela s'illustre par une détermination à prendre sa vie en main et d'être le changement que l'on souhaite voir émerger dans le monde.

C'est typiquement le niveau minimum auquel tu es si tu rejoins notre philosophie de business héroïque.

Demande-toi comment tu pourrais faire preuve de courage dans tes actions tout en étant détaché des résultats ? Simplement, "faire" parce que c'est le prolongement de ce que tu es.

Niveau – Neutralité

Au niveau de la neutralité, on commence à développer une plus grande objectivité dans notre vision du monde.

Dans le business, cela se traduit par une meilleure capacité à évaluer les situations, à résoudre les conflits et à prendre des décisions éclairées.

Une culture d'entreprise caractérisée par la neutralité peut favoriser un climat de travail équilibré et un environnement propice à l'apprentissage et à l'innovation.

<u>Comment passer au niveau supérieur</u> : Ici, on entre dans un **processus de lâcher prise** où la vie semble flexible et confortable. Nous vivons et laissons faire la vie… C'est confortable et ressourçant. Profite de l'instant présent sans perdre d'énergie avec le passé ou tes spéculations sur l'avenir. Développe une vision claire de ce que tu désires et avance à ton rythme mais ne t'endors pas sur tes lauriers.

Niveau – Volonté

Ce niveau est marqué par une ouverture au changement et une disposition à s'engager activement dans le développement personnel et professionnel.

Pour un entrepreneur, la volonté est essentielle pour s'adapter aux évolutions du marché, adopter de nouvelles technologies et relever les défis qui se présentent.

Une culture d'entreprise basée sur la volonté favorise la flexibilité et la capacité à saisir de nouvelles opportunités.

<u>Comment passer au niveau supérieur</u> : Comme son nom l'indique, ce niveau de conscience s'illustre par un **engagement au service de tes intentions**. Garde ton optimisme et essaie de nouvelles choses ! Amuse-toi à explorer les différentes parties de toi pour voir quels comportements t'aideront le plus à atteindre tes objectifs.

Cultive ta détermination et ta persévérance pour surmonter les obstacles qui se dressent sur ton chemin. La volonté d'apprendre et de grandir constamment te permettra de passer au niveau suivant.

Niveau – Acceptation

Au niveau de l'acceptation, on commence à embrasser un état d'esprit plus positif et à développer une plus grande tolérance envers les autres et ce qu'il nous arrive.

Dans l'entrepreneuriat, l'acceptation est essentielle pour gérer les échecs et les revers avec résilience, ce qui nous permet de rebondir plus rapidement et d'apprendre de nos erreurs.

Une culture d'entreprise basée sur l'acceptation encourage l'empathie et la coopération.

<u>Comment passer au niveau supérieur</u> : Ce niveau permet **un élargissement de la conscience**. À ce stade, réalise l'importance de ton rôle et de ta responsabilité sur le monde.

Lorsqu'une chose ne te convient pas, définis un nouvel objectif et mets-toi à l'œuvre !

En cultivant davantage l'acceptation, tu peux également développer une plus grande ouverture d'esprit et une compréhension plus profonde des autres. Cela contribuera à renforcer les relations au sein de ton entreprise et à créer un environnement de travail harmonieux.

Niveau – Raison

Le niveau de la raison est caractérisé par une approche plus logique et analytique de la vie et du travail.

Dans le business, cela se traduit par des décisions basées sur des faits et des données, plutôt que sur des émotions impulsives.

Un entrepreneur à ce niveau bénéficie d'une gestion efficace de ses ressources, de son temps et élabore des stratégies solides. Cependant, il est important de se méfier d'un excès de rationalisation, qui peut négliger les aspects émotionnels et humains du business.

Comment passer au niveau supérieur : à ce stade, on réalise l'étendue de notre potentiel et prenons conscience de nos processus intérieurs et extérieurs. Une clarté et une certaine sagesse se développent (cet état est d'ailleurs favorisé par l'archétype du Sage). Prend le temps d'intégrer ce pouvoir que tu découvres en toi puis, passe de la tête au cœur.

Nourrir l'esprit est fondamental ! En revanche, l'entrepreneuriat est un jeu humain et l'émotion, **le cœur de toute relation.**

Veille donc à ne pas sacrifier l'aspect humain au profit de la rationalité. Trouve l'équilibre entre la raison et l'empathie pour créer une entreprise solide et centrée sur les valeurs humaines.

Niveau – Amour

Le niveau de l'amour est un niveau de conscience où l'on commence à voir la vie et les affaires avec un esprit altruiste.

Dans le business, cela se traduit par une réelle préoccupation du bien-être de nos partenaires, de nos clients et de la société dans son ensemble.

Les entrepreneurs qui opèrent à ce niveau peuvent créer des cultures d'entreprise inspirantes, centrées sur l'humanité et l'éthique.

L'amour dans les affaires engendre la fidélité des employés et des clients, ce qui contribue à une plus grande prospérité à long terme.

Comment passer au niveau supérieur : Ce niveau ne fait pas référence à l'amour d'un point de vue émotionnel, mais concerne « **l'amour inconditionnel** ». C'est-à-dire ta compréhension et faculté à te sentir connecté à « tout ce qui existe ».

A ce stade, on est dans un **processus de révélation de Soi** (le Soi, nous ne l'avons pas développé plus tôt, mais il s'agit de la dimension la plus pure de ta personnalité. Si tu es d'accord pour admettre que nous sommes des êtres spirituels faisant l'expérience de l'humain, **ce niveau te connecte pleinement à ta partie spirituelle** et permet de voir en l'autre, un être qui comme toi, cherche l'amour à travers tout ce qu'il fait, sans même s'en rendre compte).

Le niveau précédent t'a placé dans la tête, ici, il est question de mettre l'ensemble de tes talents au service de ton cœur. Il n'y a rien à faire de plus que d'œuvrer pour ce qui fait sens et ce que tu estimes devoir faire pour contribuer à « la Vie » et à ta raison d'être…

A ce niveau, peu importe ce que tu fais, **tu ne peux que bien le faire**. Ne prive pas le monde de ta lumière et sois fidèle à toi-même.

A ce niveau, les jeux archétypaux sont moins importants puisque tu t'approches de ce qu'est le Soi. Tu dépasses l'illusion de séparation entre toi, le monde et tes clients pour comprendre que tout est Un (si tu ne comprends pas ces phrases, c'est que ce chemin n'est pas pour maintenant. Des lectures de Joe Dispenza, Bruce Lipton, Gregg Braden, Deepak Chopra ou encore Anthony Robbins pourraient t'ouvrir des portes. Mon bouquin "Les 5 Actes de la Vie" pourrait également t'offrir une lecture plus personnelle pour comprendre comment tu fonctionnes et ce que représente vraiment "**le Soi**".

Niveau – Joie

Le niveau de la joie est un état d'euphorie et de satisfaction profonde.

Dans le business, cela peut se traduire par une équipe de travail engagée, passionnée et heureuse, ce qui favorise la créativité et l'innovation.

Un entrepreneur qui embrasse la joie au travail attire les talents les plus brillants et les clients les plus satisfaits, créant ainsi un cercle vertueux de succès.

<u>Comment passer au niveau supérieur</u> : comme le niveau inférieur, **tu es déjà arrivé !**
Fais ce que tu sais faire de mieux et ose rêver grand !
Donne-toi des défis qui te semblent réserver aux meilleurs, car à ce stade, tu pourrais bien avoir l'impression que c'est la vie elle-même qui te guide et t'ouvre les portes... Ici, tu attires beaucoup d'opportunités donc, reste maître de ton temps, donne de toi au monde et ouvre simplement les bras en restant fidèle et focus à ton œuvre.

C'est le niveau que je souhaite à chaque entrepreneur d'atteindre, car c'est réellement magique !

Niveau - de la Paix et de l'Illumination

Si la vie est un jeu, c'est le moment où tu arrives à la fin et vis le rêve éveillé. Pleinement, créateur de ta réalité, ces niveaux de conscience supérieurs sont rares et représentent des états de conscience presque transcendantaux.

Les entrepreneurs qui atteignent ces niveaux sont souvent des leaders visionnaires, capables de transformer radicalement le business en introduisant des innovations et des modèles de gestion révolutionnaires.

Le leadership basé sur la paix et l'illumination peut conduire à une croissance soutenue et durable, avec un impact positif sur la société et l'environnement.

Pour le côté *"Illumination"*, cela ressemble davantage à une expérience dont l'on revient transformé et ressourcé, plutôt qu'à un état d'être au quotidien. Ici, on expérimente **la conscience pure**. Ce qui signifie que tu oublies ton corps et la réalité physique du monde pour t'identifier uniquement au grand Soi et à la conscience. Tu Es. C'est tout. La vie te transcende et tu danses avec celle-ci.

D'un point de vue du développement personnel, **rien n'est aussi fort et cette expérience** qui a transformé la vie de la plupart des personnes qui l'ont vécu. Entrepreneurs ou non. (L'expérience du Soi).

Il n'y a pas vraiment d'impact sur le business si ce n'est, la sérénité et la conscience que **tout est parfait**. L'argent et les bonnes relations semblent venir à toi de manière fluide et sans forcément le chercher. Tu es en paix et détaché.

Cette dimension est très spirituelle et ne parlera pas à tout le monde. Ce qui est OK.

Il n'y a pas de niveau au-dessus de celui-ci.

***

En conclusion, les niveaux de conscience de Hawkins offrent un **cadre** utile pour comprendre la façon dont chacun perçoit le monde et comment il prend des décisions en accord avec sa propre conscience.

En identifiant le niveau de conscience dominant d'un entrepreneur ou d'une entreprise, il est possible de comprendre ses blocages. Et en visant le haut de cette échelle, en tant que dirigeant, il est possible de cultiver une culture d'entreprise plus saine et plus prospère.

Une personne qui se situe en bas de l'échelle des niveaux de conscience de Hawkins aura tendance à être plus limitée dans sa vision du monde et dans sa façon d'interagir avec lui, par rapport à une personne qui se situe en haut de l'échelle.

Voici les principales différences entre ces deux extrêmes avec comme milieu, le niveau du **courage** :

Vision du monde :

En bas de l'échelle (en dessous du Courage) : Une personne aura une vision du monde souvent limitée, négative et centrée sur elle-même. Elle peut se sentir impuissante, victime des circonstances qui lui arrive, et avoir du mal à voir les opportunités ou à envisager des solutions positives.

En haut de l'échelle (au-dessus ou égal au Courage) : Une personne aura une vision du monde plus expansive, positive et altruiste. Elle sera capable de voir au-delà des problèmes, des défis et des difficultés, et d'envisager des solutions créatives et bénéfiques pour elle-même et pour les autres.

Attitude et émotions :

En bas de l'échelle : Les personnes aux niveaux inférieurs peuvent être dominées par des émotions négatives telles que la peur, la colère, la culpabilité ou la tristesse. Elles peuvent avoir du mal à gérer ces émotions et à les transformer en énergie constructive.

En haut de l'échelle : Les personnes aux niveaux supérieurs ont tendance à être émotionnellement plus stables, avec des émotions positives telles que la joie, la gratitude, l'amour et la compassion. Elles sont généralement mieux équipées pour gérer leurs émotions et maintenir un état d'esprit plus équilibré.

Prise de décision :

En bas de l'échelle : Les personnes aux niveaux inférieurs peuvent prendre des décisions basées sur la peur, la colère, l'ego ou des impulsions émotionnelles. Cela peut conduire à des choix imprudents ou à des décisions qui ne sont pas alignées avec leurs objectifs à long terme.

En haut de l'échelle : Les personnes aux niveaux supérieurs prennent généralement des décisions plus éclairées, basées sur des faits, des données et des valeurs éthiques. Leurs choix sont souvent guidés par une vision à long terme et un souci de contribuer au bien-être collectif.

Relations interpersonnelles :

En bas de l'échelle : Les personnes peuvent avoir des relations conflictuelles, dominées par la méfiance, la jalousie ou l'égocentrisme. Elles peuvent avoir du mal à établir des liens solides et positifs avec les autres.

En haut de l'échelle : Les personnes sont généralement plus empathiques, ouvertes et tolérantes envers les autres. Elles ont tendance à entretenir des relations harmonieuses et constructives, favorisant la collaboration et la compréhension mutuelle.

Impact sur le business :

En bas de l'échelle : Les personnes aux niveaux inférieurs peuvent être des obstacles pour le business en raison de leur manque de confiance en eux, de leur incapacité à prendre des décisions éclairées, et de leurs relations interpersonnelles problématiques.

Cela peut se traduire par un climat de travail peu productif et des résultats commerciaux médiocres. Ici, faire croître son entreprise peut paraître "**lourd**".

En haut de l'échelle : Les personnes aux niveaux supérieurs ont un impact positif sur le business en raison de leur capacité à inspirer et à motiver les autres, à prendre des décisions stratégiques éclairées, et à promouvoir une culture d'entreprise saine et harmonieuse.

Cela peut conduire à une plus grande prospérité, à une meilleure rétention des talents et à une réputation positive pour l'entreprise. Ici, faire croître son entreprise semble "**léger**".

***

En résumé, la différence entre une personne qui se situe en bas de l'échelle et une personne qui se situe en haut réside dans leur vision du monde, leur attitude et leurs émotions.

Les personnes aux niveaux supérieurs ont tendance à être plus équilibrées, émotionnellement stables, visionnaires et altruistes, ce qui les prédispose à réussir avec légèreté et à créer des environnements de travail plus positifs et prospères.

Le niveau minimum pour développer une entreprise reste selon nous celui du **désir**.

Je t'invite néanmoins à viser des niveaux de conscience plus élevés, car ils favorisent une approche plus responsable, altruiste et durable du business, contribuant ainsi à la réussite à long terme de ton entreprise et à son impact positif sur la société.

Voyons maintenant comment la conscience de ces niveaux va te permettre d'attirer à toi davantage de clients.

PS : si cette partie vous a intéressée, je vais beaucoup plus loin dans l'ouvrage « *S'orienter au 21ème siècle : comment trouver sa voie à l'ère de l'Intelligence Artificielle et du Réchauffement Climatique* ». Un livre dans lequel je vous guide, non pas dans le Voyage du Héros mais dans Le Voyage de la Conscience… Soit, la finalité de la quête spirituelle et ce que certains cherchent toute leur vie durant…

Magnétiser les bons clients et les bonnes opportunités

Nos pensées ont des conséquences telles, qu'elles créent notre réalité.

— Joe Dispenza

Dans mon observation du monde, l'être humain est à l'image d'un papillon en quête de lumière. Chacun cherche à éviter ce qui lui semble désagréable et/ou inconnu pour favoriser une vie épanouissante et la plus agréable possible.

De cette conscience que l'Homme cherche à éviter l'obscurité pour favoriser la lumière s'est développée notre vision du marketing !

Une vision où, en tant qu'entrepreneur et entreprise, ton énergie représente la lumière qui attirera ou repoussera tes clients autant que tes partenaires.

Dans le cas d'un restaurant, par exemple, l'ambiance et l'énergie qu'il dégage attireront des clients en fonction de l'expérience alimentaire et émotionnelle qu'ils souhaitent vivre. L'énergie du restaurant va autant découler du management, des humains présents à l'intérieur (que ce soit le personnel ou les clients déjà présents) que du lieu en lui-même.

Donc, en tant qu'entrepreneur, **ton énergie et ta vision attireront des clients qui se reconnaîtront dans ton approche et tes valeurs.**

Il est important de garder à l'esprit que <u>tout le monde ne sera pas en phase avec ton énergie</u>, et c'est normal. Certains pourraient même être déçus si leurs attentes ne sont pas satisfaites par rapport aux projections qu'ils avaient faites sur toi. Cependant, en restant authentique et en mettant l'accent sur la valeur que tu apportes à tes clients à travers ta personnalité (ou ton produit), tu attireras naturellement ceux qui te ressemblent et qui sont alignés avec ta vision.

L'intérêt de cette compréhension à la suite des niveaux de conscience réside dans le fait que, **comme pour les archétypes, nous pouvons <u>projeter</u> un état émotionnel sur nos clients pour favoriser leur prise de décision.**

En faisant descendre une personne dans les niveaux inférieurs, ces derniers deviennent <u>influençables</u>.

Voici une leçon personnelle à 6 000€.

Début 2023, nous cherchions un coach pour nous accompagner dans un développement plus large du PI/EA (notre outil sur les archétypes). Notre principale problématique était de simplifier notre communication autour de cet outil et de trouver sous quel angle le présenter !

Imagine, comparé aux autres outils de connaissance de soi, nous pouvons autant :

- Faire du coaching pour travailler en profondeur l'identité d'une personne,
- Restructurer et améliorer le branding d'une entreprise,
- Comprendre et influencer les jeux psychologiques d'un groupe ou d'une personne,
- Et en bref, pouvoir autant aider une personne à se développer personnellement de façon très large et complète que d'accompagner une entreprise dans son développement.

MAIS, c'est trop large pour réellement parler à une audience !

Nous avons donc cherché un coach pour nous accompagner.
Alors que j'ai une tendance à être détaché de mes résultats, lors de notre appel de vente, très vite, <u>nous sommes descendus au niveau du **désir**</u> devant l'assurance de notre futur coach à nous positionner sur un marché à plusieurs millions.
Nous sommes entrepreneurs et l'argent est l'énergie d'une entreprise. Mais, ayant toujours fait notre activité pour les gens davantage que l'argent, il nous manquait le désir de croissance.

En un appel, nous avons connecté avec le potentiel de ce que nous pouvions faire de cet outil.

Cependant, nous n'avons pas trouvé l'élan que nous cherchions et ce coaching nous a fait prendre conscience que ce qui porte certains n'est pas ce qui porte les autres ! Nous avons signé sur un état émotionnel sans réellement nous écouter.

Puisque chacun est unique, il y a une méthode marketing unique à trouver pour chacun ! Celles qui nous étaient proposés ne nous ressemblaient pas et, c'est là qu'à commencer à émerger l'idée de challenge pour nous développer.

Toute la philosophie que l'on t'a présenté dans les pages précédentes découle de ce coaching qui nous a permis de comprendre que, nous avions déjà tout ce qu'il fallait pour nous développer. Il nous manquait uniquement les actions alignées.

Et, puisque nous formons des coachs et que, moi-même ayant eu des difficultés à développer mon activité à mes débuts, nous utilisons cette philosophie pour accompagnés les personnes qui nous ont fait confiance.

Voilà à quoi servent ces niveaux ! **Plus tu fais descendre tes clients dans les niveaux inférieurs, plus ils sont influençables !**

Certains jouent sur la peur et se font littéralement des couilles en or ! D'ailleurs, je tiens mon meilleur cours d'économie d'un livre sur les Zombies. L'ouvrage de Max Brooks qui a inspiré le film World War Z avec Brad Pitt.

Dans un passage, un millionnaire explique comment il s'est enrichi grâce à une pandémie qui a touché le monde entier. (Exactement comme le Covid. Bonne illustration de ce que la peur peut générer : *une soumission totale à l'autorité qui garantit notre sécurité*).

Ce passage est un monologue qui nous dit :
Vous comprenez quelque chose à l'économie, vous ? Je veux dire, le bon gros capitalisme d'avant-guerre ? Vous avez pigé

*comme ça marchait ? Moi pas. Et ceux qui affirment le contraire racontent des conneries. Il n'y a rien d'absolu là-dedans, aucune grande loi scientifique, rien du tout. Tu gagnes, tu perds, tout ça, c'est de la merde. La seule règle qui signifie quelque chose pour moi, c'est un prof d'histoire qui me l'a apprise. Pas d'économie, hein, d'histoire. "La peur, il disait, **c'est la peur la plus précieuse matière première de l'univers.**" Ça m'a calmé tout net. "Allumez la télévision, qu'est-ce que vous voyez ? Des gens qui vendent leurs produits ? Non. Des gens qui vendent la peur que vous éprouvez à l'idée de ne pas les avoir". Putain que c'était bien vu ! Peur de la vieillesse, peur de la solitude, peur de la pauvreté... La peur, c'est l'émotion la plus primitive qui soit. Primaire, presque. C'est devenu comme un mantra pour moi. **La peur fait vendre.**"*

Le personnage poursuit en expliquant comment grâce aux épidémies, il a flairé l'affaire du siècle ! Louant la peur véhiculée par les journaux télévisés, etc.

A mon sens, ce markéting est révolu bien qu'**il fonctionne toujours à merveille**.

Il y a pour moi deux émotions : la peur ou l'amour.

Sois-tu attires ton client par une stratégie qui vise à lui éviter un truc négatif, soit au contraire, tu l'attires parce que tu lui permets un mieux-être et du plaisir.

Soit son acte d'achat est motivé par la crainte et la volonté d'éviter une situation sombre, soit il est motivé par la volonté de VIVRE et une impression de lumière à travers toi et ton produit.

En faisant descendre les clients dans les niveaux inférieurs (peur, désir), certaines tactiques de marketing vont très bien fonctionner, mais elles risquent également de créer des dépendances : ton client aura besoin de toi ou de ton produit pour être bien.

En revanche, en élevant les clients vers les niveaux supérieurs (joie, amour), tu leur redonne le pouvoir de leur propre transformation, créant ainsi des collaborations harmonieuses et des opportunités alignées avec leur vision.

Dans tous les cas, les clients du bas risquent de dépendre de toi pour réellement changer alors qu'en les faisant monter en haut, tu leur redonne le pouvoir qu'ils ont en eux : **tu leur redonne leur souveraineté.**

Ce qui permet d'attirer autant des collaborations harmonieuses que des opportunités alignées avec ta vision.

Après cette interlude "conscience", venons-en à quelques propositions pratiques avant de conclure cette aventure.

Maintenir une énergie haute

Si j'écris ce livre, c'est parce que diriger et développer notre entreprise, avec toute la passion que j'y mets a failli me plonger dans un Burnout.

Début 2023, alors que je terminais un de mes plus gros projets de création, j'ai frôlé la dépression. Je me retrouvais à deux doigts d'avoir ce dont j'ai rêvé ces 5 dernières années et pourtant, je n'étais pas heureux.

Au-delà de mes projets, je commençais à m'enliser à faire les choses que je détestais dans mon entreprise (prospecter, produire du contenu sur les réseaux, alimenter mon site, gérer la comptabilité, etc.)

J'étais fatigué et commençais à végéter passivement, scrollant les réseaux et perdant du temps à faire ce qui m'éloignait de ce que j'aime vraiment. En bref, je me suis perdu dans l'ambition de mes projets et ai dispersé mon énergie à travers ces derniers.

C'est là que j'ai compris que je subissais le poids d'habitudes destructrices partagées par nombreux d'entre nous.

Je remarque que plusieurs problèmes recontrons les mêmes obstacles qui détruisent notre talent :

1. Beaucoup d'entre nous sont des multi-potentiels. Nous développons une addiction au fait d'être occupé physiquement et intellectuellement. Ce qui crée une distraction autant qu'une charge mentale qui nous épuisent. Attiré par une multitude de projets en même temps qui se freinent les uns et les autres. (La méditation a été un des meilleurs remèdes pour contrer ces sources de distractions professionnelles et me centrer sur l'important).
2. Pour beaucoup, nous n'osons pas demander de l'aide. En tant que solo-preneur ou TPE, nous subissons parfois la solitude de nos activités. Une solitude mortelle ! **Pourtant, t'es pas forcé d'être un loup solitaire !** De nombreux réseaux autant que des séjours entre entrepreneurs m'ont

ouvert à la joie d'être entourés d'autres personnes qui, comme moi, font de leur mieux pour être le héros de leur business. C'est un "Game Changer" et j'espère te croiser à l'un de ces évènements ! (Je te partagerais quelques noms à la fin de cet ouvrage et dans l'annexe selon les découvertes que je fais)

3. Si nous osons, <u>nous refusons simplement de payer cette aide.</u> "C'est trop cher", "je peux le faire moi-même", etc. Ok, mais à quel prix ? Ton temps, ta santé, au prix du surplace ou de la fin de ton activité, alors que tu pourrais être bien plus loin sur le chemin ?

4. En tant qu'entrepreneur, <u>on ne s'honore pas suffisamment</u> et pensons que se tuer à la tâche accélèrera notre réussite. Pas forcément. Je découvre que le succès est accéléré par un **équilibre** et le fait de nourrir toutes les parties de notre être.

Parfois, ralentir permet d'aller plus vite !

La conséquence de ces mauvaises habitudes est simple : on s'éloigne de ce qui permet notre véritable croissance et notre épanouissement. Bombardé au quotidien d'une multitude de pensées et de petites actions, ce qui est réellement important pour assurer la prospérité de notre entreprise est repoussé !

On se casse la tête à "faire des trucs peu passionnants" que l'on imagine essentiels alors que, pas forcément. Et l'on oublie de faire et d'être ce qui contribuent le plus à notre succès sur le long-terme.

Pour garder une énergie élevée, ce n'est pas un secret : <u>fait ce que tu aimes et délègue ou trouve un moyen de rendre tes actions ludiques</u> !

Par exemple, la Gamification est une science qui permet de mettre le Jeu au cœur de ton business ! Nous l'utilisons autant pour nous que pour nos clients afin de trouver les challenges adaptés à chacun !

Par exemple, j'aime former, écrire, coacher et avoir des échanges profonds. Ces choses sont ce qui me permet d'être productif sans vraiment d'effort ! Si je passe mes journées à prospecter et à mettre en place des publicités en ligne alors que je déteste cette partie, je cultive les mauvaises herbes. Non seulement cela va m'ennuyer mais en plus, je passe à côté de ma véritable zone de génie et celle qui m'apporte le plus de résultats !

Alors, que faire ? Simple ! Arrêtons de faire ce que l'on n'aime pas faire.

Comment ? Trois opportunités s'offrent à toi :

1. Déléguer (à une tierce personne ou à un logiciel si possible).
2. Détruire la tâche.
3. Transformer cette tâche en challenge et utiliser des outils de gamification[7].

En faisant cela, tu gagneras en productivité et trouveras davantage de plaisir et d'énergie pour accomplir ton Destin et contribuer au monde tout en étant rémunéré pour cela.

Dans les quadrants ci-dessous, liste toutes les activités qui se présentent à toi au cours de la journée et classe-les dans les cases qui leur correspondent : les actions sont dans ta zone de génie, celles qui t'apportent de la joie et du plaisir, celles que tu n'aimes pas puis, celles que tu détestes.
Liste tout ! De tes mails, à la recherche de clients en passant par la comptabilité et au cœur de ton activité.

L'important sera ensuite de mettre 80% de ton énergie et de ton temps sur le haut du tableau et de relayer au second plan ceux du bas. Sans t'en passer, on cherche à minimiser leur impact !
(Tu peux également télécharger ce support au format A4 pour l'afficher au-dessus de ton bureau à cette adresse **https://niveausup.fr/odyssee-entrepreneuriale-ressources/**)

---

[7] Je te l'accorde, je ne t'ai pas parlé de la Gamification dans ce livre car on aurait facilement ajouté 150 pages. En revanche, je te prépare un livre sur le sujet ! Tu vas voir que l'on peut tout rendre amusant puisque je prendrais l'exemple du réchauffement climatique. Comment favoriser la transition climatique par le jeu et la Gamification). Si cela s'applique sur un sujet aussi complexe, imagine ce que l'on pourrait faire avec ton entreprise !

MA ZONE DE GÉNIE **+** **J'AIME/ AMUSANT**

PRIORISE

ÉNERGISANT

80 %

20 %

DÉLÈGUE OU SUPPRIME

ÉNERGIVORE

J'AIME PAS **-** **JE DÉTESTE**

Cela concerne ta vie professionnelle. Maintenant, appliquons-le à ta vie personnelle !

Honnêtement, la capacité à se concentrer sur une tâche de manière continue devient la compétence du siècle. Avec une génération droguée à la notification et au cerveau addict à la surstimulation, c'est plutôt simple de se disperser et de perdre du temps.

"Passe 80% dans ton jeu et 20% dans celui des autres".
Laura Nathalie

Qu'est-ce que cela veut dire *"passer du temps dans mon jeu"* ?

A ton avis, pourquoi des jeunes de 20 ans arrivent à développer des entreprises à plusieurs milliers d'euros chaque mois en quelques années là où d'autres mettront des années à vivre de leur activité ?

Quand on observe le TOP 1 des entrepreneurs, tous se focalisent sur une tâche l'espace d'un moment et focalisent sur ce qui les approchent réellement de leurs objectifs !

Penses-tu que Tony Robbins passe 4h sur les réseaux ? Penses-tu qu'Oprah Winfrey regarde constamment ses mails ? Penses-tu qu'un héros regarderait les informations à la télévision ? Qu'ils ont d'innombrables amis ?

Non.

Un héros, ne passe pas son temps à jouer le jeu d'un autre. Il joue le sien !

Il ne prête pas attention à ce qui n'est pas pertinent pour son entreprise et ses rêves. Il passe du temps de qualité avec les personnes qu'il fréquente, prend soin de lui, etc.

En jouant à ton jeu, tu vas simplement accélérer par 10 ton Voyage jusqu'au sommet de la montagne !

La clé est vraiment simple : **préserve ton énergie !** Ne l'abaisse pas avec des choses que tu ne peux pas contrôler.

Et, ne te tue pas au travail ! C'est très simple de travailler "dur" ! Du moins, d'avoir l'impression de travailler dur. Mais, c'est très compliqué de travailler intelligemment parce que cela demande de sortir de ton confort, de prendre des risques et surtout, de faire quelques sacrifices.

Maintenant, liste toutes les activités que tu fais au quotidien pour rééquilibrer tes dépenses énergétiques.

L'idée est simple : supprimer ce qui ne soutient pas ta mission pour prioriser tes activités.

Imagine avoir des activités du tableau précédent dans la colonne "je n'aime pas" et la retrouver dans celle qui suit "ne me sert pas". Pourquoi les garder ?

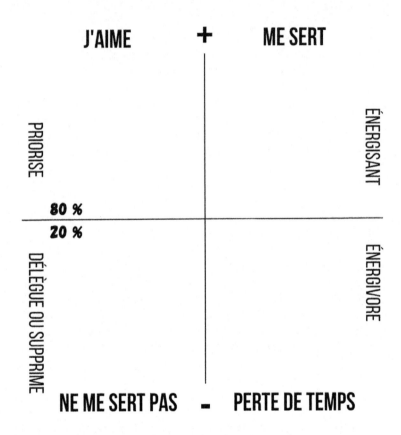

Alors attention, l'idée n'est pas de devenir un extrémiste. En temps qu'être humain, tu peux trouver que scroller sur les réseaux est une perte de temps autant qu'une activité qui te sert si c'est également ta vitrine professionnelle.

Tout est affaire d'équilibre.

Personnellement, j'ai remarqué que par moment, mes réseaux sociaux combinés (Instagram + Facebook + Linkedin) dévoraient mon temps en plus de m'hypnotiser. Quelques réglages sur mon Smartphone a permis de limiter l'accès à 40 minutes par jour.

Dans la continuité, voici deux challenges sympas pour garder ton énergie haute…

Suivre ta Joie pour trouver la voie

De base, je suis un professionnel de l'orientation qui accompagne tout un chacun à devenir l'entrepreneur de sa propre vie.

A force de pratique, je m'aperçois que le chemin le plus simple pour trouver autant sa place que les challenges qui nous ressemblent est de **suivre notre joie**. Suivre ce qui nous emballe le cœur même si tu sens que ce dernier s'emballe autant par la peur que par l'excitation que te procure une idée !

Cependant, pour suivre sa Joie encore faut-il la ressentir ! Être heureux est une chose que l'on oublie parfois sur le chemin de l'ambition alors, je t'invite à **identifier chaque jour, six raisons de t'émerveiller !**

Tu pourrais commencer dès maintenant en listant 6 façons de t'émerveiller de cette journée.

_____

_____

_____

_____.

Pour aller encore plus loin et nourrir chaque partie de toi, pose ton regard sur le monde de façon à émerveiller chacun de tes héros intérieurs !

Aujourd'hui, qu'est-ce qui a émerveillé mon Innocent ? Mon Sage ? Mon Explorateur ? Donné de la joie à mon Rebelle ? Etc.

Émerveille-toi du monde et ce dernier émerveillera tes finances, tes relations et ta vie de manière générale :)

100 Actions pour développer un business à ton image !

Ce défi, nous l'avons fait et il nous a mis sur la voie d'un marketing à notre image. Un marketing où prendre un BlaBlaCar et faire du stop peut devenir un moyen de trouver des clients.

Si les actions de ton Voyage du Héros peuvent t'être montrées par un mentor, dans ce chapitre, ce sera à toi de te creuser les méninges !

* C'est le moment soudain où retentit dans ta tête le générique de Mission Impossible et où ta mission apparaît *

*"Votre mission, si toutefois vous l'acceptez, sera de constituer une liste de **100 actions funs et décalées** qui pourraient vous permettre de **kiffer, de vivre des expériences héroïquement et humainement stylées** tout en vous faisant avancer dans votre business".*

Pour t'aider, interroge-toi sur les actions que pourraient mettre en place tes héros et challenge toi !

Par exemple, mon Statu-Quo s'affirme peu, dernièrement, je me suis inscrit dans un Co-living (une grosse collocation de 14 personnes) pour connecter avec du monde (je sais que mon CA est directement lié au nombre de conversations que j'ai chaque mois). Animer une conférence en présentiel a été un challenge décisif en accord avec mon Magicien et m'a permis de générer du CA autant que de trouver un marketing dans lequel je prends mon pied.
Partir faire du stop avec la conviction de pouvoir trouver des clients en route a été un autre défi.

100 actions peuvent sembler beaucoup.

Creuse-toi la tête selon ta niche et ton offre sur la façon dont tu pourrais te faire connaître auprès de clients potentiels pour les faire descendre avec toi dans l'arène.

Peu importe que ces actions te semblent réalistes ou non. L'important est de constituer une liste suffisamment grande pour avoir la liberté de choisir celles qui te feront le plus vibrer !

Derrière le bon challenge se cache un client, de nouveaux amis ou partenaire, peut-être même l'amour de ta vie, voire, une opportunité à plusieurs milliers d'euros.

La seule condition du succès est l'alignement du défi avec ta personnalité !

Ce qui ne veut pas dire "ne pas avoir peur du challenge", au contraire ! La peur t'indique que le défi est le bon et que c'est une des épreuves nécessaires pour te mener vers ton héroïsme.

5 - Ton offre et le succès de ton client

Ce n'est pas le succès qui rend heureux, vraiment pas.
Le succès, c'est faire ce qui vous rend heureux, bien travailler
et avoir une vie riche.
- PHILIP SEYMOUR HOFFMAN

Peu importe ton offre, la chose la plus importante que nous avons compris ces dernières années est que, **tout le monde n'est pas fait pour travailler avec toi !**

Ton génie s'affirme avec des personnes qui le reconnaissent, il y a donc une sélection naturelle qui s'opère.

C'est aussi cela être le héros de son business : avoir la liberté de travailler avec des personnes qui t'inspirent et te ressemblent.

Tout le monde n'est pas prêt à devenir un héros à travers ton produit/offre.

C'est toi qu'on achète !

Dans le passé, la création d'offres se faisait souvent de manière générale, sans tenir compte des besoins spécifiques de chaque client. Les entreprises proposaient des produits ou services standardisés, en espérant que cela attirerait suffisamment de clients.

Aujourd'hui, cette approche ne fonctionne plus (aussi efficacement), principalement en raison d'une concurrence accrue et d'un manque d'adaptation autant que de personnalisation.

La concurrence dans presque tous les secteurs s'est intensifiée, ce qui signifie que les clients ont désormais un choix très large. Ils sont plus exigeants et recherchent des offres qui correspondent exactement à leurs besoins et à leur milieu d'appartenance.

Par conséquent, et parce que nous sommes de plus en plus d'entrepreneurs à proposer des services similaires, nous entrons dans un véritable jeu de **séduction** pour nous démarquer en proposant des offres uniques et personnalisées.

Cela signifie de prendre le temps de comprendre les défis de tes clients, leurs objectifs et leurs aspirations.

Voici une question pour toi : qu'est-ce qui est séduisant dans ton offre et la rend unique pour les clients que tu souhaites servir ?

_____

_____

_____ .

La majorité des entrepreneurs, quand il est l'heure de mettre en forme leurs offres vont utiliser des Business plan qui peuvent dans un premier temps te permettre de commencer à structurer celle-ci.

Mais à mon sens, si ce modèle est bien, il oublie certains points qui, dans notre philosophie, sont le cœur de ton business :

Il oublie de personnaliser ton offre et de mettre ta personnalité au cœur de celle-ci. De nos jours, notamment pour les indépendants, nos clients signent avant tout **pour nous !** Les gens achètent un **produit d'appartenance** et un morceau de toi ! Un morceau de ta vision, tes valeurs et ce pourquoi tu fais les choses.

"Les gens n'achètent pas ce que tu fais mais POURQUOI tu le fais !" Simon SINEK

Je vais prendre l'exemple d'un client :

Brian, un investisseur passionné de cryptomonnaies souhaitait créer une offre de formation crypto / trading.

Le secteur s'étant développé, de nombreuses offres existent en termes de formation voire d'accompagnement à l'investissement dans le secteur.

Pour se démarquer, nous avons dû rendre Brian et son offre UNIQUE grâce à plusieurs leviers :

- Le kiff de Brian, c'est de **partager** et de **faire connaître** le monde de la cryptomonnaie. Avant même notre accompagnement, il animait une chaîne de 1 000 abonnés sur YouTube. Il a mis à jour son Branding et développé son univers en se positionnant sur un partage régulier autour de l'actualité et de conseils pratiques pour les **jeunes investisseurs**. Ici, le positionnement est clair : **l'éducation des jeunes avec un discours simplifié et chaleureux.**
- Désirant aider à mieux comprendre une partie de cet univers, il a proposé un **programme gratuit,** sans même entrer dans une démarche financière ou de vente, sous la demande de sa communauté.

Grâce à ce contenu offert, il a **fédéré** une communauté sur le réseau social Discord puis, grâce à la **convivialité** et aux **valeurs partagés** de celle-ci, son groupe est devenu **autonome**. Il a pu passer d'un contenu YouTube généraliste à des échanges en direct dans son groupe. Valorisant son image, son expertise, sa vision de l'économie et de pourquoi il est passionné de cette industrie.

Brian s'est retrouvé avec des clients carte bleu en main prêt à acheter des formations qui n'étaient pas encore proposées. Ce que les gens réclamaient, c'était un temps privilégié avec lui, pour son énergie et sa passion.

L'important ici, et c'est ce que nous disons depuis le début, Brian n'avait pas d'offres ! C'est son audience qui lui a demandé de leur en proposer.

Il a attiré des clients à lui sans démarcher, simplement parce qu'**il incarne** ce qu'il dit et qu'aux yeux des autres, il est un héros (une figure d'autorité si tu préfères).

Ensuite, Brian a simplement eu besoin d'adapter son offre selon les besoins et les challenges que son audience rencontrait pour eux-mêmes se hisser à la hauteur de Brian !

Eux-aussi voulaient devenir des Héros de l'investissement !

Brian est ainsi entré dans la peau d'un mentor les guidant à travers les challenges de leur propre Voyage du Héros.

Il n'a pas fait d'avatar client ! Ces derniers sont venus à lui pour son énergie et son avatar client en a découlé naturellement.

Créer sur le vide perçu !

*Si l'on se focalise sur le domaine connu, on obtient
quelque chose de connu. Si l'on se focalise sur l'inconnu,
on crée une possibilité.*
– Joe Dispenza

Dans un business héroïque, créer une offre qui parle consiste à se positionner sur le vide perçu par ton client. Ce dernier est lui aussi dans son Voyage du Héros pour devenir conforme à ses ambitions et il lui manque le pont entre sa situation actuelle et l'état qu'il souhaite atteindre.

Le vide perçu est le fossé entre ces deux situations.

C'est là que ton offre entre en jeu afin de combler ce vide à travers ce que tu proposes.

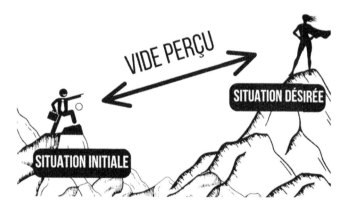

Toi et ton offre êtes le pont qui permet à ton client de se rapprocher de son héroïsme (ce qu'il désire être, faire et/ou devenir) et le vide perçu est le moyen de monétiser ton service.

Imagine, ton client est sur une colline qu'il connaît et qui lui est confortable. Face à lui, se dresse une montagne brillante et attirante qu'il désire atteindre. Seulement, entre ces deux sommets, se trouve un désert aride, remplis de challenges, de dragons et d'autres défis qui lui donne une impression d'inconfort et rende le changement complexe. #Flemme de descendre se challenger.

Ton offre n'est qu'un pont d'un sommet à un autre qui lui évite de se compliquer la tâche en descendant de sa montagne tout seul.

Une fois que tu comprends cela, la recette est simple :

1. **Incarne** ta mission,
2. **Incarne** ta personnalité,
3. **Diffuse** ton énergie par une **communication** à ton image,
4. **Créer** un écosystème vertueux,
5. **Incarne** ton offre !

C'est aussi simple que ça !

Incarne dans la matière et par l'action ce que tu as dans le cœur et dans la tête !

Inutile de passer des heures à spéculer, à réfléchir et à élaborer des stratégies que tu n'appliqueras pas.
Bref, inutile de rester trop longtemps dans ta tête, car **un gramme d'action vaudra toujours plus qu'un kilo de théorie**.

On est dans un monde où le numérique et les réseaux sociaux nous font consommer la vie et les actions des autres en nous rendant spectateur de la vie des autres **au lieu de jouer et de vivre la nôtre.** Consommant passivement en espérant que l'aventure se présente à nous alors qu'elle nous appelle déjà !

Et au fond de toi, tu le sais qu'elle toque à ta porte en ce moment-même.

C'est pour cela que ce chapitre sur l'offre est aussi court ! Car d'autres livres sont beaucoup plus pertinents sur le sujet et parce que, l'important pour un business héroïque, **c'est le jeu et l'aventure !**

C'est d'aimer le chemin et ta vie davantage que la destination.

Joue, essaye, trompe-toi, incarne d'une façon et puis d'une autre, cherche TA façon de te faire connaître et puis, trompe encore.

Essaie et trompe-toi autant qu'il le faut jusqu'à rendre ton aventure passionnante !

Essaie et trompe-toi jusqu'à faire de chacune des clés de ton entreprise, quelque chose d'unique et qui te ressemble !

Peu importe ton offre et ton produit, le déclencheur est :
- Soit l'énergie et l'histoire autour de ton produit,
- Soit ton énergie et ton histoire à toi !

En intégrant ta personne dans ton offre, tu crées un **lien émotionnel** avec ton client. Et, en parlant de ton histoire, tu permets à ton client de **se projeter** et de connecter à celle-ci.

Il commence à te connaître et créer un **sentiment d'appartenance** à ton univers ou renforce celui-ci. C'est plus qu'un produit qu'il achète, c'est **l'aventure que tu proposes !** Soit pour devenir comme toi, soit pour obtenir un morceau de ton univers avec ton produit.

Le monde manque d'aventure… **TU ES une aventure ! Ton offre aussi !**

La vie de certains semble vide alors, remplit ce vide avec ce que tu as à offrir au monde !

Notre seul conseil pour ton offre, c'est de **parler le langage de ton public et de comprendre le désir de ton audience !**

Beaucoup font l'erreur de créer un produit qui répond à leur propre désir alors qu'au contraire, c'est un besoin sur le marché qui garantira le succès de ton activité. Et ce besoin n'est pas forcément complexe. Connecter avec l'univers d'une personne sympa et enthousiaste peut suffire !

Alors, comment créer une offre avec tout cela ?

Plutôt que de te proposer un Business Plan, on te propose un Voyage du Héros pour construire ton offre et/ou améliorer celle-ci.

Voici ce Voyage :

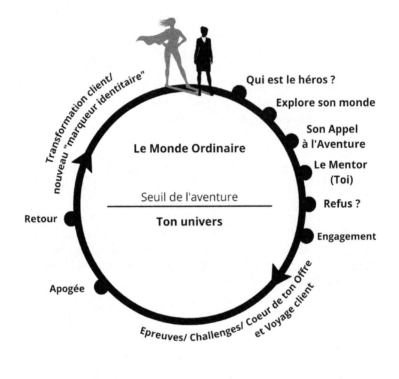

La finalité est de prendre du plaisir et d'adapter ce que tu proposes, car selon ton marché, les tendances vont bouger !

Voici les étapes du Voyage du Héros adapté à la création d'une offre :

Étape 1 : Définir les "héros" (Ton client, qui est-il ? Et toi, qui es-tu ?)
- <u>Avant de te pencher sur ton client</u>, on retrouve ici, tes propres volontés et ce qui te pousse à développer ton activité. Tes

motivations, tes rêves et ce que tu souhaites apporter au monde de manière générale.

- Ensuite, qui est ton client ? Quels sont ses rêves, ses aspirations et les défis qu'il souhaite relever avec ton offre ?
- On peut également réfléchir aux archétypes qui l'animent aujourd'hui.

Étape 2 : Explorer son monde

- Quelle est la situation actuelle de ton client ? Quel est son domaine d'activité ? Que consomme-t-il en termes de contenu ? A quelles personnes donne-t-il de l'importance ? Quelles sont ses problématiques et challenges ?
- Quels lieux fréquente-t-il ? A quels événements participe-t-il ?
  Rappelle-toi, ton nombre de clients est lié au nombre de personnes avec qui tu échanges et quand tu es connecté à ta mission, tu peux même trouver des clients dans la rue ou en allant boire un verre.

Étape 3 : L'appel à l'aventure

- Quel est son désir de changement ou la peine qu'il souhaite éviter/ résoudre ?
- Ton offre est un appel ! Qu'est-ce qui la rend unique et différente des offres conventionnelles de ton domaine ? Comment cette idée peut-elle résoudre les challenges de tes clients ?
- C'est également un moment idéal pour se demander à quels archétypes/ Héros essayent de ressembler nos clients ?

Pour appuyer sur le vide perçu lors de ta **communication**, identifie clairement :

- Qu'est le problème ou l'objectif de mon client (avec quelles parties de lui souhaite-t-il connecter ? Qui souhaite-t-il devenir ? Quels sont ses désirs ? Quelles sont ses douleurs ? Etc.).
- Pourquoi et comment ce problème le dérange au quotidien et dans sa vie ?
- Qu'est-ce qui fait que ce désir ou cette douleur n'est pas résolue (quels sont les freins qu'il rencontre et fait que ce sa situation est toujours présente) ?
- Comment se sentirait-il si sa situation était résolue ?
- Quelle solution concrète proposes-tu pour répondre positivement à sa situation (résume ton offre en précisant

comment elle incarne ce pont entre la situation actuelle et la situation désirée de ton client) ?

→ Grâce à ces questions, tu connais la situation de ton client avant qu'il ne franchisse le seuil de l'aventure et comprend ce qui pourrait le motiver à passer ce seuil...

Et si toutefois, il est déjà engagé dans ce dernier, alors ta mission est de communiquer autour des challenges qu'il rencontre en lui montrant qu'une autre voie existe !

Une voie où il pourra faire son Voyage du Héros accompagné de toi et de ton savoir-faire.

Étape 4 : Le mentor (les ressources et les compétences)
• C'est le moment de te questionner sur le plus important quand tu es à ton compte : toi en tant que héros, qui es-tu ? **Quelles sont les ressources et les compétences dont tu disposes et <u>dont ton client a besoin</u> ?**
• Bref, c'est là que l'on démontre naturellement que l'on peut l'aider à obtenir l'identité ou l'objet de ses désirs ! Comment ? Avec ton histoire ou celle de ton offre !

Étape 5 : Refus de l'appel
• Peut-être que ton client a des **peurs** et des **doutes** qui pourraient le retenir d'explorer ce que tu proposes. Quels sont les obstacles internes que ton client pourrait rencontrer et l'empêche d'obtenir les résultats qu'il désire ?

Étape 6 : L'acceptation de l'appel (engagement)
• C'est le moment où ton client te rejoint !
• Est-ce qu'il est prêt à s'engager dans l'aventure ? D'aller au bout de ton programme, d'utiliser ton produit et de sortir de sa zone de confort ?
• Comment ton offre le rassure ?

Étape 8 : Les challenges et le voyage de ton client
• Cette partie est <u>le cœur de ton offre</u>.
• Il s'agit d'identifier ce qui ne lui ressemble pas pour adapter ton produit et ton service au plus proche des besoins de ton client.
• Comment tu l'accompagnes ?

Par exemple, nous accompagnons en individuel des personnes à développer leur entreprise et pour ceux qui ne seraient pas prêts à s'engager dans un accompagnement, nous avons écrit ce livre. Ici, tu es le seul responsable des résultats qui suivront ta lecture. Certains auront des résultats, d'autres non, car cette philosophie ne parlera pas à tout le monde. Et c'est ok.

Étape 9 : L'apogée (le point culminant de l'offre)
• Histoire de marquer les esprits, imagine le point culminant de ton offre unique, là où elle atteint son plus haut niveau d'impact et de succès pour tes clients.
• À quoi cela ressemble ?

Étape 10 : Le retour au monde ordinaire
• Comment ton client se sent après ton service ?
• Comment fais-tu pour qu'il te recommande à d'autres personnes et diffuse ton message autour de lui ?

Étape 11 : La transformation du client ou l'acquisition d'un nouveau "marqueur identitaire".
• Par notre consommation, nous devenons quelqu'un ! En ce sens, un produit vient marquer l'identité d'un client. Obtient-il une certification, un nouveau statut, un objet d'appartenance ? Bref, avec quel trésor et bénéfice, rentre-t-il du voyage ?
• Quels sont les avantages et les résultats que nos clients obtiendront en choisissant notre offre et pas une autre ? Quelle est la valeur que tu apportes à leur vie ou à leur entreprise ?

***

Pour illustrer ce voyage, voici un exemple concret avec une de nos offres phares.

De base, nous formons et accompagnons des coachs ainsi que des professionnels souhaitant développer leur expertise dans le domaine de l'orientation et l'accompagnement.

Puisque l'héroïsme est le fondement de nos outils et que pour nous, chacun doit devenir le héros de sa vie, nous avons appelé ce programme Coach'Héros ! (Un programme pour les héros du coaching).

Voici les étapes de cette offre d'accompagnement :

Étape 1 : Définir les "héros"

Nous en tant que héros :
- Ce qui nous motive est de révolutionner le coaching d'orientation scolaire et professionnel en lui donnant une dimension héroïque et propice au développement personnel et spirituel de chacun.
- Nous avons la propriété intellectuelle de plusieurs méthodes, sommes parmi les seuls à former aux archétypes de Jung et si concurrent il y a, aucun n'est aussi complet.
- Nous avons un dispositif édité par une grande maison d'édition et sommes sur le marché depuis 2017.

Nos clients :
- Mon magicien étant très fort et ayant à cœur d'avoir une longueur d'avance, c'est naturellement à des personnes en quête d'expertise et d'outils de connaissance de soi à qui nous parlons. Des personnes en quête de leur Magicien.ne intérieur.
- Certains pourraient avoir un syndrome de l'imposteur, manquer d'expérience ou vouloir compléter leur palette d'outils avec les nôtres voire, **appartenir** à une équipe de professionnels pour être porté par l'énergie d'un collectif.

Étape 2 : Explorer son monde

- Aujourd'hui, les héros attirés par ces programmes sont, soient en activité, issue de l'éducation ou ayant la volonté de développer une activité dans l'accompagnement.
- Certains pourraient être membres de franchises qu'ils ont payés plusieurs milliers d'euros et n'arrivent pas forcément à vivre de leur activité.
- Et comme tout indépendant, ils peuvent se sentir seuls.
- Ils fréquentent des lieux en lien avec l'éducation, des afterworks autour du développement personnel, etc.

Étape 3 : L'appel à l'aventure

- <u>Leur désir est de monter en compétences et/ou de vivre de leur activité en se démarquant</u> !

• Notre offre est unique dans le sens où, elle offre la propriété intellectuelle de nos outils, offre une aventure humaine et l'intégration d'un groupe à vie et sans être redevable d'une franchise.

• Nos clients souhaitent souvent connecter à leur Magicien (monter en compétences), leur Sage (se nourrir intellectuellement), leur Ange-Gardien (être utile et contribuer) et/ou leur Meneur (développer leur assise et leur entreprise).

Étape 4 : Le mentor (les ressources et les compétences)

• Nos clients ont souvent lu nos livres, étaient recommandés, écouté nos vidéos et connaissent plus ou moins notre expertise en termes d'outils de connaissance de soi.

• Nous favorisons des liens de proximité avec nos clients afin qu'ils deviennent par la suite de véritables partenaires. En tant que figure d'autorité, nous nous rendons le plus accessible possible.

Étape 5 : Refus de l'appel

• Certains pourraient ne pas avoir la trésorerie, vouloir utiliser des fonds à la formation, manquer de temps. Nous sommes arrangeants mais, si un client ne peut pas trouver de solution malgré cela, nous estimons qu'il n'est pas fait pour nous OU, que la valeur de notre offre n'est pas perçue. Ce qui nous permet de nous remettre en question et d'améliorer notre communication.

Étape 6 : L'acceptation de l'appel (engagement)

• Nous échangeons avec chacun de nos potentiels clients et nous offrons le droit de refuser les personnes qui ne semblent pas en accord avec nos valeurs ou remettant leur réussite entre nos mains (on ne veut pas entrer dans un syndrome du Sauveur). S'il n'est pas apte à passer à l'action, nous ne pourrons pas le faire à sa place. #Redonnons le pouvoir à nos clients.

• Nous le rassurons sur la qualité de notre programme.

Étape 8 : Les challenges et le voyage de ton client

• Nous développons des supports et proposons des échanges chaque mois pour assurer le succès client.

• Nous avons constaté que la majorité des personnes qui sont formées au coaching n'ont pas la posture d'entrepreneur et ont des difficultés à développer leur activité. La philosophie de ce livre est, à la base, développée pour nos clients (et nous-même).

Étape 9 : **L'apogée** (le point culminant de l'offre)

• Histoire de marquer les esprits, nous organisons une semaine d'immersion dans une villa pour former en présentiel nos nouveaux membres.
• Chaque année, un Mastermind (un rendez-vous présentiel) est proposé et d'autres opportunités de rencontres et cocréations.
• Ce sont nos deux points culminants.

Étape 10 : **Le retour au monde ordinaire**

• Nos clients ont les outils qui nous semblent les plus complet du marché pour exercer dans leur secteur d'activité.
• Ils ont une offre claire et savent que l'aventure continue puisque nous offrons des temps d'échanges en collectif chaque mois.

Étape 11 : **La transformation du client ou l'acquisition d'un nouveau "marqueur identitaire".**

• Nos clients ont un diplôme et la propriété intellectuelle de nos outils.
• Ils ont une posture coach adapté aux enjeux du 21ème siècle et la possibilité de passer de client à partenaire.

Cette offre est bien évidemment en perpétuelle évolution pour coller aux besoins que nos clients nous font remonter et nous a demandé plusieurs mois d'essaies avant de trouver un format qui nous convienne.

Tout cela pour souligner qu'**un business est évolutif** et que cela demande de se tromper et d'oser. Rien n'est parfait au début, mais telle est la voie jeune Padawan :)

Créer un parcours client avec le voyage du héros !

Maintenant que tu es familier avec le voyage du héros, applique-le à tes clients !

Deux voies s'offrent à toi :

- Soit, créer un produit d'appartenance qui permet d'embellir l'univers de ton client, de le faire kiffer voir, de lui offrir un nouveau statut, d'être plus productif, etc.
- Soit, répondre à un besoin profond et emmener ton client dans un voyage de la conscience à travers ton univers pour le transportera vers ce qu'il est vraiment.

A toi de jouer ! Voici un *parcours simplifié* pour résumer ton offre :

Appel à l'aventure !
Qu'est-ce qui pourrait inciter ton client à descendre dans l'arène pour se rapprocher de toi ?

_____
_____
_____.

Refus de l'appel !
Qu'est-ce qui pourrait faire hésiter ton client et comment pourrais-tu lever ses doutes et ses freins ?

_____
_____
_____.

Rencontre du mentor !
Pourquoi les gens te rejoindraient-ils toi plutôt qu'un autre héros ?

_____
_____
_____.

Le Seuil de l'Aventure !
Comment pourrais-tu marquer l'entrée de ce client en quête de son héroïsme dans ton aventure ?

_____

_____

_____.

Les épreuves !
Quels défis pourraient rencontrer ton client et comment vas-tu l'aider ?

_____

_____

_____.

L'apogée !
Quels résultats remarquables pourraient obtenir ton client ? Quel moment riche en émotion pourrait-il vivre ?

_____

_____

_____.

Le retour au monde ordinaire !
Comment ton client intègre les enseignements de son voyage à sa vie de tous les jours ?

_____

_____

_____.

La transformation !
Comment ton client s'est transformé grâce à son Voyage du Héros et à ton produit ? Qui est-il devenu ?

_____

_____

_____.

Une fois que cette partie est claire, parlons du comburant de ton entreprise et abordons le sujet de l'argent….

Être payé à sa juste valeur

Imagine si l'argent que tu gagnais était en réalité lié à l'argent que tu es prêt à dépenser toi-même ! Ça peut paraître surprenant, mais l'argent est le reflet de notre perception du monde.

Lorsqu'il s'agit de fixer les prix de tes produits ou services, c'est la relation entre la valeur perçue par ton client et le prix que tu demandes qui va déterminer si tu conclus une vente ou non. Plus ton offre est perçue comme ayant une grande valeur, plus tu peux justifier un prix élevé. Logique.

Mais notre philosophie ne consiste pas à te dire de vendre cher juste pour gagner beaucoup d'argent. Au contraire, nous te conseillons de vendre ce que tu ressens profondément **juste et aligné avec toi-même**.

L'argent que tu demandes et que tu recevras est souvent **en harmonie avec la somme que tu t'autorises toi-même à dépenser**. Pour déterminer le bon prix, mets-toi à la place de ton client et demande-toi si toi-même tu achèterais ton produit ou service.

Nous avons accompagné des entrepreneurs qui voulaient fixer des prix "high ticket" pour générer rapidement plus de chiffre d'affaires. Cependant, nous avons vite réalisé à quel point certains n'étaient pas alignés avec les prix qu'ils envisageaient de demander.

C'est là que l'idée de **l'élastique de l'argent entre en jeu**.

Si tu souhaites te faire payer 2000€ pour ton produit, mais que toi-même tu n'es pas prêt.e à dépenser cette somme pour un produit similaire, alors **ton subconscient n'est pas aligné**, et cela pourrait te poser problème lorsque tu devras parler de tes prix.

Après tout, si toi-même tu n'achètes pas à la hauteur du prix de tes propres produits, comment peux-tu attendre de ton client qu'il l'achète ?

Au cours de notre voyage du Héros, cette notion nous a autant intrigués que bousculés ! Plus nous nous sommes autorisés à acheter des produits coûteux, plus nous nous sommes sentis à l'aise à vendre à des prix qui nous semblaient plus justes.

Nous avons même eu des échanges avec des clients qui affirmaient que certains de nos programmes n'étaient pas assez chers comptes tenus de la valeur délivrée et du format.

Honnêtement, quand ce sont tes clients qui te disent que ton produit n'est pas assez cher, tu comprends que **c'est toi et la valeur perçue de ton propre produit** qui entrent en jeu.

Pour fixer tes prix, je t'invite à regarder ce que tu achètes toi-même comme produit similaire aux tiens, puis à aligner tes prix sur la moyenne de ces derniers.

Rappelle-toi, tu attires des clients qui te ressemblent. Il en va de même pour les prix. **C'est un jeu de valeur.**

Amuse-toi et ressens ce qui est juste pour toi. Dépense et observe avec quelle somme tu ne te sens pas à l'aise. Ce malaise viendra définir la limite des prix que tu pourras proposer (pour l'instant).

Par exemple, je suis addict à la formation. A mes débuts, un programme en ligne à 300€ me semblait cher et ma limite était autour de 1000€. Aujourd'hui, ma limite est davantage vers 6000€ voire, plus pour certaines personnes (il m'a fallu du temps et ce plafond de dépense est également celui que je ne dépasse pas avec mes clients alors que nous pourrions facturer plus cher. Nous faisons aussi le choix de rester accessible pour ne pas nous priver de belles personnes. C'est une question d'alignement personnel).

Si ce livre était vendu 7€, 16€, 26€, 36€, 54€, 150€ qu'aurais-tu ressentis ? Ce livre t'a plu ? Imagine, s'il avait été offert ? Combien auraient vraiment mis un œil à l'intérieur ?

J'ai offert des programmes à plus de 2000€ à des proches et honnêtement, ils ne les ont pas utilisés. Pourquoi ? Aucune implication financière et donc, une faible valeur perçue. La même chose s'applique avec une voiture ou un autre objet. Plus la valeur d'un objet semble élevée, plus le soin accordé est important.

Prendrais-tu soin d'une Clio 2 de la même façon d'une Tesla ou d'une Porche ?

L'art est un bon exemple. Sans doute as-tu vu passer cet article concernant une banane scotché au mur du Musée Art Basel à Miami. Cette œuvre nommée « Comedian » par son auteur Maurizio Cattelan et a été vendue pour 120 000$ à un collectionneur de nationalité française en 2019.

Choquant pour certains, normal pour d'autres.

Ce n'est pas tant la banane qui vaut ces 120 000$ mais **l'idée et le mythe** qui l'entoure.

L'achèterais-tu ? Même pour 100€ ? La majorité d'entre nous, certainement pas. Car, la majorité observe uniquement une banane horriblement chère collée sur un mur là où quelques rares Hommes y verront une œuvre d'art.

Pourquoi la Joconde est inestimable ? Parce qu'il y en qu'une ?

Pourtant, des millions de tableaux sont produits chaque année et sont tout aussi splendide (à mon sens). "Ce n'est qu'un tableau" diront certains. La spécificité de la Joconde réside dans **le mythe qui l'entoure et sa notoriété**.

Et, c'est là une leçon de business à prendre en compte quand tu créer ton offre et définit tes prix !

On s'en fiche de plaire à tout le monde car, tel un artiste, tu n'es pas là pour plaire à tout le monde.

Tu es un héros qui délivres au monde une partie de toi et une œuvre à ceux qui seront reconnaître de la valeur à ton travail. Et, la première personne qui devrait lui en donner, c'est toi-même.

Oscar Wilde, pourtant décédé en 1900 constatait déjà à quel point, *__de nos jours, les gens connaissent le prix de tout, mais ils ne savent la valeur de rien__*.

Faire des produits accessibles est la mission de certains, d'autres non. **Fait ce qui est juste** pour toi et garde à l'esprit que tout est subjectif lorsqu'il est question de valeur. L'important est la valeur perçue par ton client et toi-même !

Un produit gratuit ne rend pas forcément service à tes clients.

Regarde, l'école française est « gratuite » dans la tête de nombreux parents et dans celles des élèves. Pourtant, l'Education Nationale est la première dépense de l'Etat.

Qui paie l'Etat ? Toi, moi, nous. Avec son budget, un élève qui suit sa scolarité de la maternelle au BAC coûte plus de 110 000€ à la collectivité. Donc, un élève qui croit que l'école est gratuite la paie de sa consommation quotidienne et des taxes qu'il paie indirectement.

Mais, puisqu'elle est « gratuite », la valeur de l'instruction n'est même pas perçue autant par ceux qui la suivent que par les parents.

Tes prix vont dépendre de la qualité de tes produits, ton marché et des personnes à que tu t'adresses. Ensuite, **c'est l'histoire et le mythe qui créera et justifiera sa valeur** 😌

A toi de méditer sur cette partie et d'explorer ta propre relation à l'argent.

Les trois niveaux d'un business héroïque

Hey l'ami.e ! J'ai bien l'impression qu'il est temps de conclure ! J'ai apprécié ce chemin à tes côtés et j'ai pris beaucoup de plaisir à te partager notre philosophie du business.

On va te donner l'occasion d'**échanger ensemble** pour que tu nous parles de ton entreprise et de tes challenges afin de t'aider à avancer. Mais avant, je t'aurais bien proposé une classification des activités à faire dans le business pour garantir son bon développement.

Cette classification vient d'un de nos business coach américain[8] et cela nous a bien aidé à comprendre ce qui bloquait dans notre organisation.

Soyons honnêtes, nous te souhaitons le succès que tu mérites, mais il serait trompeur de prétendre que tous nos lecteurs réussiront.

Le succès dépendra de l'engagement et de la détermination de chacun sans oublier que parfois, le temps et les défis trop ambitieux peuvent émousser notre motivation.

L'essentiel à retenir de ce livre, c'est que : **ce n'est pas ce que tu fais qui compte, mais comment tu le fais**. Qu'est-ce que tu mets de toi dans ton entreprise, dans ta communication et comment tu rayonnes ?

---

[8] Niveau coaching, rendons à César ce qui est à César. Ils sont vraiment en avance sur le continent Américains !

Avant de te laisser partir pour vivre ton Voyage du Héros, nous voulions partager une dernière chose qui nous a fait perdre beaucoup de temps !

Nous détestons prospecter, et nos débuts ont été difficiles parce que nous étions poussés à entreprendre des actions de prospection qui ne nous ressemblaient pas.

D'ailleurs, pour combien d'entre nous, "prospecter" est une corvée ? Le mot lui-même est problématique ! Il n'y a pas d'obligations à trouver des clients, car le business est avant tout une affaire d'humain !

Alors, et si l'on parlait plutôt de rencontre ?

Le business est une opportunité de rencontre entre un entrepreneur et son marché !

Et selon ton niveau, tu approcheras cette rencontre de différentes manières. D'où l'idée de créer des challenges qui t'invite simplement à **sortir de chez toi** pour rencontrer du monde, partager ton message, etc…

Aller vers les autres et le monde sera la clé de ton succès car c'est un des piliers d'une entreprise.

Pour t'aider à y voir plus claire dans ce qu'il te reste maintenant à faire, voici quatre piliers qui permettent à une entreprise d'avancer et la façon dont nous te proposons de t'en emparer selon ton niveau :

Activité 1 : La Chasse
Il s'agit de toutes les activités qui génèrent des conversations et des rencontres avec de nouvelles personnes pour créer de nouveaux clients. Il peut s'agir de réseautage, d'événements, de stratégie de communication, et tout défi susceptible de créer du lien et de te faire exister.

Converser est un art qui apporte autant des clients que ce qui permet de mieux les comprendre. **Créer du lien, vend un produit puis, collabore avec ces clients constitue l'art de la chasse.**

Si tu débutes ton entreprise et que ton chiffre d'affaires fluctue entre 0 et 10 000€, considère-toi comme un Héros-Chasseur, et fais de cette activité ta priorité ! Si tu es ici, c'est exactement pour toi que l'on a écrit ce livre !

Activité 2 : Le Jardinage

Un des points de départ de notre évolution humaine a été le passage de la chasse et de la cueillette à l'agriculture. Ce moment où l'humanité a compris l'importance de penser à le long-terme et de planter des graines.

Cette activité consiste à construire un écosystème pour communiquer massivement avec nos futurs clients. C'est l'heure des partenariats, des publicités sur les réseaux, de prendre soin de tes relations et d'entretenir ton réseau, mais aussi planter des graines comme écrire un livre ou développer ta gamme de produits.

Si tu génères un revenu stable compris entre 10 000 et 30 000€, considère-toi comme un Héros-Jardinier, et concentre-toi sur le fait de planter des graines pour faire grandir ton entreprise.

Activité 3 : L'Optimisation et l'Amélioration

Cette activité consiste à améliorer et à construire des systèmes, à déléguer et mettre en place une machine bien huilée qui t'aide à gagner du temps pour te concentrer sur ta zone de génie.

L'entrepreneuriat peut être parfois chaotique et chronophage, cette activité permet de mettre de l'ordre, de simplifier les processus et d'améliorer autant tes produits que ta routine de vie.

Si tu es au début de ton activité, inutile de passer trop de temps sur cette étape.

Certaines personnes passent des heures, voire des semaines, à créer un site internet alors que ce n'est pas ce qui attire réellement des clients.

Au début, plus c'est simple, mieux cela fonctionne.

Activité 4 : Prospérer

À ce niveau, l'idée est de transmettre toute ta technicité pour être dans ta zone de génie.

Tu es devenu une référence dans ton domaine, et tu peux maintenant partager ton expertise pour aider et inspirer les autres.

C'est le niveau ultime où tu as pleinement embrassé ta légende et où tu apportes ta valeur à ceux qui la reconnaissent naturellement.

***

La finalité est de te permettre d'incarner ton héroïsme pour écrire ta légende.

Voici donc, selon ton niveau de développement, plusieurs choses sur lesquelles prioriser ton temps :

Niveau 1 : FABRIQUER LA LÉGENDE

Ton héroïsme doit te pousser à t'affirmer et à aller vers l'autre. Au début, l'activité principale est la chasse pour vivre de ton entreprise.

Pour t'aider, tu peux écrire l'histoire inspirante sur laquelle repose ta vision. Quel est le scénario qui te place en héros et permet à ton client de comprendre ton pourquoi ? Si ta vie était un film MARVEL, quelle en serait l'histoire ?

Ecrit le résumé de cette aventure héroïque et romance le Voyage que tu as déjà fait (ou est en train de faire) et qui fait de toi quelqu'un d'héroïque :

_____

_____

_____

_____

_____

_____.

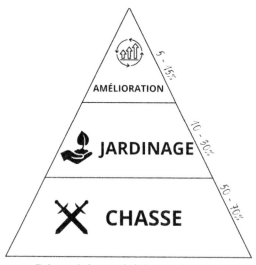

Résumé des activités au niveau 1

Niveau 2 : INCARNER LA LÉGENDE

Tu commences à te faire un nom et à être reconnu. L'activité principale est de planter des graines pour valider ton assise et faire grandir ton entreprise.

Pour te mettre directement sur la voie de cette légende qui t'anime, tu peux d'ores et déjà créer un discours persuasif.

Ferme les yeux et imagine-toi dans une salle (de la taille qui te ressemble) où tous tes futurs clients sont présents. Ils n'attendent qu'une chose : sortir la carte bleue pour entrer dans ta vision, répondre à leurs besoins et devenir quelqu'un à travers toi et ce que tu proposes.

Mets une musique inspirante et partage nous ce qu'il y a sur ton cœur ! Où vas-tu et pourquoi agis-tu ?! Fais-nous rêver ! (Personnellement, j'utilise Victory Thème de Hans Zimmer pour rédiger mes speechs). A toi :

_____

_____

_____.

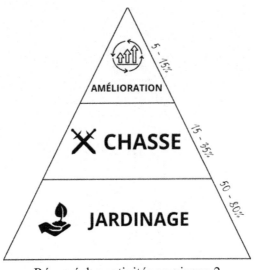

Résumé des activités au niveau 2

Niveau 3 : FAIRE CONNAÎTRE LA LÉGENDE

Tu as des clients et un système qui optimise ton temps, il est maintenant temps de rayonner davantage pour façonner le monde de demain à travers ce que tu es venu apporter au monde.

C'est le moment où tu deviens toi-même un archétype et un modèle pour autrui. Ce niveau assure la prospérité de ton entreprise.

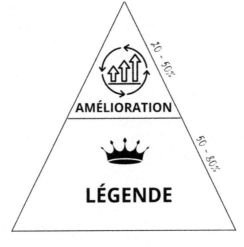

***

Ce voyage du Héros touche à sa fin.

En refermant ce livre, souviens-toi de ceci : ton parcours en tant qu'entrepreneur est **unique**, une aventure où chaque pas compte.

Nous avons exploré divers aspects pour t'aider à devenir le héros de ton propre voyage entrepreneurial, en mettant l'accent sur des principes essentiels pour réussir de façon alignée et avec joie.

Nous avons plongé dans l'importance de maintenir une énergie élevée, comprenant que **tout ce que nous faisons est lié à notre énergie** et que **diriger une entreprise nécessite un équilibre** subtil entre nos différentes activités.

Tu as découvert **comment identifier et privilégier ce qui te passionne, en déléguant ou transformant le reste** en un défi ludique.

Et maintenant, avec ces connaissances et conseils, tu es prêt à entreprendre ton propre Voyage du Héros.

N'oublie pas que ce n'est pas seulement le succès financier qui compte, mais aussi la manière dont tu influences positivement ton marché, la façon dont tu te connectes avec tes clients et l'impact que tu as sur le monde.

Alors, va de l'avant avec **confiance**, **énergie** et **engagement**. Ton histoire en tant qu'entrepreneur est en train de se dérouler, et chaque chapitre, chaque défi et chaque victoire contribueront à la construction de ta légende.

N'oublie jamais que tu es le héros aux commandes de cette incroyable épopée entrepreneuriale, et devine quoi ? Le monde est aux aguets, impatient de voir comment tu vas secouer les règles du jeu !

Alors, laisse sortie ta créativité, étonne avec ton audace et montre au monde le héros que tu es en train de devenir et celui que tu es déjà !

Pour aller plus loin

Nous voilà arrivé au terme de cette épopée qui lie Voyage du Héros et entrepreneuriat.

Le véritable message de fond, tu l'auras compris, c'est d'apprendre à **te connaître**, à **incarner** ce qui t'anime dans la matière et à **rayonner**.

On se l'accorde, entreprendre est une aventure qui bouscule et challenge voire même, pourrait se montrer frustrante. Cependant, c'est également une des meilleures voies pour expérimenter l'aventure humaine sous toutes ses formes et façonner le monde de demain.

Nous aurions pu faire un livre trois fois plus long en y ajoutant ce que nous partageons en accompagnement mais, l'idée n'était pas de te noyer d'informations.

Nous préférons plutôt t'offrir un **cadeau pratique** ! Car l'action qui nous a vraiment fait avancer fût celle de nous faire accompagner, nous souhaitons t'offrir une heure de consulting afin de t'offrir un regard extérieur et notre expertise sur tes challenges.

ON S'APPELLE ?

Pour cela, et parce que ton retour permettra de faire connaître cette philosophie, il te suffit de partager ton avis sur la page Amazon de ce livre et de nous envoyer la photo de celui-ci à l'adresse : contact@niveausup.fr

Si tu souhaites que nous partagions ton activité sur nos réseaux, il te suffit de nous identifier sur Faccebook, Instagram ou Linkedin et nous repartagerons avec Joie ta publication ☺

Si tu souhaites découvrir notre travail et nos offres, retrouves tout cela sur notre site : **niveausup.fr**

Ou sur nos réseaux :

YouTube : niveausup.fr / By Alexandre

Réseaux d'Alexandre Vigne

Instagram : **@_alexandrevigne**

Linkedin et Facebook au nom d'Alexandre Vigne

Au plaisir d'échanger par message What's app au +336 18 36 55 09 (préférez les messages clairs)

Réseaux d'Alexandre Baé

Instagram : @bae_alexandre_

Linkedin et Facebook au nom d'Alexandre Baé

Au plaisir d'échanger par message What's app au +336 47 36 73 43 (préférez les messages clairs)

***

Plusieurs programmes pourraient t'intéresser et se trouve sur notre site Internet Niveausup.fr :

BUSINESS HÉROES

Business Heroes est le programme qui repose sur la philosophie que tu viens de découvrir. Ce programme permet de transformer ton business en un véritable jeu, de faire le tour de ta personnalité pour miser sur tes forces, de connecter à ton Yin & Yang pour structurer ton entreprise, d'appliquer le Voyage du Héros à ta stratégie de communication et de faire un travail sur toi qui te propulsera. Si ce livre t'a parlé, c'est uniquement 20% de notre méthode :)

PS : si tu es business coach, inutile de copier. Notre équipe est ouverte, travaillons ensemble :)

ARCHETYPES HEROES ©

Notre formation sur les archétypes. Si ce que tu as découvert ici t'a intéressé et permis de comprendre des choses sur toi, comprend que cela ne représente que 10% de ce que nous pouvons faire avec cet outil incroyable.

COACH'HÉROS

Notre programme qui forme les professionnels de l'accompagnement à l'orientation scolaire et professionnelle ainsi qu'à notre approche du coaching. (Inclus le programme Archétypes Heroes © + une semaine d'immersion à nos côtés et l'intégration à notre équipe à vie. Sur candidature uniquement).

IMPORTANT :

La ressourcerie disponible ici **https://niveausup.fr/odyssee-entrepreneuriale-ressources/** sera **continuellement mise à jour** selon les besoins que nous ferons remonter nos lecteurs.

Maintenant, partageons avec toi **quelques évènements pour rencontrer d'autres héros et connecter avec des entrepreneurs profonds**.

Alexandre Vigne organise « **l'After Work Heroes** » en ligne et parfois, sur Paris (pourquoi pas vers chez toi). Suis-nous sur nos réseaux sociaux pour être informé des dates, des nouveautés et n'hésites pas à nous contacter :)

Plusieurs réseaux existent. Deux nous ont particulièrement marqués :

Les retraites et événement Entrepreneurs dans le Cœur, de mon ami Romain Clamaron

Au sein des événements Entrepreneurs dans le Cœur nous explorons un format différent des vieux événements entrepreneuriat / dev-perso classiques.

Qu'est-ce qu'on y vit de si nouveau ?

Un vent de **vrais liens** plutôt que de déconnexion sur les réseaux.

Un vent de **partages sincères** plutôt que de porter des masques.

Un vent de **stratégies business conscientes** plutôt que de fausses promesses.

Bref, un subtil mélange entre business et spiritualité sur plusieurs jours. Imprégné de quête de sens, de Mastermind business, avec 2 ateliers par jours, c'est vraiment de très belles rencontres et moments entre entrepreneurs qui se vivent plus qu'ils ne se racontent.

Infos : https://romainclamaron.com/retraites-mastermind-entrepreneurs-dans-le-coeur/

Pour les Parisiens (et ceux du Sud), le Networking bienveillant **CGBB** (le Cercle des Gens Bien et Bienveillants).

Parce que longtemps j'ai cherché un réseau qui faisait passer l'humain avant le business et que j'ai apprécié l'énergie de ce club.

N'hésitez pas à nous partagez vos réseaux, s'ils rejoignent nos valeurs, nous les partagerons sur notre site internet.

Mes autres livres :

- L'Orientation Intra-Personnelle© : comment trouver sa voie de façon ludique et révéler son identité. (Le livre où je transmets les bases de ma méthode d'épanouissement personnel).

- Les 5 Actes de la vie (un livre pratique pour faire un voyage vers soi qui vous fera économiser des années de développement personnel).

- Laïcité Active : manifeste pour une éducation au vivre-ensemble et à l'éveil de conscience (Si vous souhaitez voir l'humanité s'éveiller, c'est à travers une école qui développe le potentiel spirituel de ses élèves. Ici, vous aurez les meilleurs outils d'éveil de conscience).

- Sophie & Les Mystères de la vie (Un roman qui explique en quoi l'Homme et le reflet de la nature à travers les yeux d'une petite fille de douze ans).

- Guide pratique pour révéler le potentiel de son enfant.

- S'orienter au 21ème siècle : comment trouver sa voie à l'ère de Chat GPT et du réchauffement climatique ? (Le titre parle de lui-même).

- **A paraître**, le livre de référence sur les archétypes de Jung et leur impact sur toutes les dimensions de votre personnalité et de votre vie (réservé aux praticiens PI/EA©).

- **A paraître**, un ouvrage sur la Gamification appliquée au réchauffement climatique.

Printed in Great Britain
by Amazon

33097292R10106